水青衣 焱公子 ◎著

用
DeepSeek
赚钱

+

=

江苏凤凰文艺出版社
JIANGSU PHOENIX LITERATURE AND
ART PUBLISHING

图书在版编目（CIP）数据

用DeepSeek赚钱 / 水青衣，焱公子著. -- 南京：江苏凤凰文艺出版社，2025.4（2025.4重印）. -- ISBN 978-7-5594-9488-7

Ⅰ．F713.365.2-39

中国国家版本馆CIP数据核字第2025UJ8244号

用 DeepSeek 赚钱

水青衣　焱公子　著

责任编辑	项雷达
选题策划	刘昭远
版式设计	姜　楠
封面设计	吉冈雄太郎
出版发行	江苏凤凰文艺出版社
	南京市中央路165号，邮编：210009
网　　址	http://www.jswenyi.com
印　　刷	唐山富达印务有限公司
开　　本	690 毫米 × 980 毫米　1/16
印　　张	13.75
字　　数	135 千字
版　　次	2025 年 4 月第 1 版
印　　次	2025 年 4 月第 2 次印刷
书　　号	ISBN 978-7-5594-9488-7
定　　价	59.80 元

江苏凤凰文艺版图书凡印刷、装订错误，可向出版社调换，联系电话025-83280257

序

怎样让 DeepSeek 成为你的财富搭子

一位创作者用 AI 制作减肥图文，月入五位数；

一个普通人，在工作之余，靠 AI 创作民间故事短视频"躺赚"百万流量；

一个年轻女孩，用 AI 做写真照，春节假期几天就赚了 3000 元；

一个没拿到 offer 的大学毕业生，靠 AI 给自家萌宠做视频，赚到了创业的第一桶金；

……

上述学员最初跟多数人一样，听到 AI 一词，就不自觉地联想到冰冷的代码、无情的算法，甚至担忧机器是否会取代人类。后来，他们跟着我们学习 AI、应用 AI，真真实实赚到钱后，改变了对 AI 的认识。

现在，他们会说：AI 不过就是工具。自己能成事，是因为比旁人更早地握住了 AI 时代的钥匙。这钥匙不是代码，而是"AI+人性"的黄金组合——用机器的效率解放双手，用人类的智慧点燃灵魂。

一、AI 是温暖的新伙伴，我们不会被替代

当 DeepSeek 爆火的时候，我有兴奋也有焦虑。兴奋的是，终于有一款"中文十级"的 AI 应用出现了：它是那么懂我们，能生成那么多符合心意的文字。焦虑的是，那段时间，几乎每天一上网就能刷到"AI 将取代人类 XX 岗位"的内容。

尽管已做内容行业 9 年，教授了几万名学创作、学内容营销的学员，我依然在看到同行用 DeepSeek 飞速产出爆款内容时，手心冒汗，甚至深夜盯着天花板问自己："我是否会被淘汰？"

当我把这样的担心告诉搭档焱公子，他很坚定地说："不会！我们能驾驭 AI。DeepSeek 时代淘汰的是不肯学、不会用 AI 的人。"

早在 2024 年 7 月，我们就出版了一本专门讲 AI 应用的图书《AI 制胜》。那是 2023 年与 2024 年两年来，我们整个团队深入研究 AI 办公、AI 营销领域，又带着学员实践后得到的经验总结。从学员身上，我们能真切看到：懂得拥抱 AI、驾驭 AI 的人，真的很不一样。就像本书中做"种草"文案的学员所说："以前总担心文案不够专业，现在 AI 帮我精准捕捉痛点，我反而能更专注地传递真实的情感。"

所以，亲爱的读者朋友，如果你也曾像我一样，有过"我是否会被 AI 淘汰"的焦虑，请相信：我们害怕的从来不是工具本身，而是对工具使用的未知带来的失控感。

当你翻开这本书，就会看见无数个"曾经的你我"：那位借助 DeepSeek 撰写减肥文案、月引流 3000+ 的学员，并非天赋异禀的文案大师，而是懂得将 AI 的精准分析与人类的情感洞察相结合的普通人；那位用 AI 生成"复活古人"视频、被官媒转发的创作者，也并非技术极客，只是巧妙地将文化情怀注入算法，让历史人物"活"成了打动亿万观众的模样。AI 不会夺走我们的工作，它只是重新定义了"效率"与"可能性"。正如本书中所言："科技向善，这才是技术真正该有的意义。"当你焦虑时，不妨记住：AI 的键盘上，永远需要人类按下启动的按钮。

书中每一个案例，用 AI 为奶奶修复老照片的年轻人、生成第一份影

评稿件时手舞足蹈的宝妈、用业余时间给很多大学生优化简历的"职场老炮儿"……他们都在用亲身经历告诉你：AI 不会夺走你的价值，它只是为你卸下枷锁，让你轻装上阵去触碰星辰。

二、AI 正把金钥匙放在你的掌心

曾经，内容创作是少数人的专利，短视频、知乎盐选故事、影评都仿佛是遥不可及的金字塔尖。但如今，AI 工具正以惊人的速度抹平这些差距、缩短信息差，让赚钱变得没有那么难。

这也正是我们写作本书的目的。

现在，亲爱的朋友，我想邀你坐下来，我们一起来看看这本书里藏着的财富密码。

书里提到的一位学员，曾经每天花 5 小时写影评，却屡屡被拒稿。但是当她学会用 DeepSeek 拆解爆款影评结构时，就像突然获得了一副"掘金透视镜"：那些曾让她仰望的"天才文笔"，原来不过是"情绪钩子+认知颠覆"的巧妙组合。现在她的稿件过稿率提升了三倍，她写的《热辣滚烫》的影评下，有读者留言："你写尽了我想说却说不出的话。"你看，AI 没有替代她思考，反而让她的创作开出了更绚烂的花——这是多么难能可贵的财富。

书里还有修复老照片的女孩，当她用即梦 AI 让老婆婆 1943 年的结婚照重新泛出光泽时，客户颤抖着发来语音："这是我第一次看清妈妈年轻时的酒窝……"此刻的 AI，哪里是冷冰冰的算法，分明是穿越时光的织梦者，把散落的记忆串成珍珠。科技的温度，永远取决于握刀的手是否带着心跳。——这是多么难能可贵的财富。

亲爱的朋友，这些故事都不是神话。书中每个案例背后，都站着和你我一样的普通人：会为房贷发愁的父亲、想给孩子更好生活的母亲、不甘被职场困住的年轻人、一直在坚持创业的老板……他们正在用 AI

做两件事：把重复劳作交给机器；把最珍贵的人类特质"共情""创意""对美好的执着"留给自己。就像那位制作"复活古人"视频的创作者说的："AI 画的是线条，而我注入的是对五千年文明的爱。"

用 DeepSeek 谋生，也用 DeepSeek 谋爱，就是我们写作这本书的初衷。

三、别犹豫，现在就是最好的起点

我知道你此刻在想什么："听起来美好，可我连提示词都不会写……"

2023 年初刚接触 AI 的我，也卡在这个门槛上。第一次让 AI 生成产后减肥文案时，它吐出的文字僵硬如机器说明书。当我平复情绪，试着在提示词里写下"请想象你是刚走出产后抑郁的妈妈"，它突然就生成了直击人心的金句："减肥不是对抗镜子里的陌生人，而是找回初为人母时眼里的光。"

你看，AI 就像一面镜子——你给予多少真诚，它就反射多少光芒。

这本书里所有令人惊叹的变现案例，出发时都和你我一样普通：宝妈最初连图片比例都不会调整，简历优化师曾被客户骂"还不如 Word 文档"，教培老师调教出的朋友圈文案像枯燥论文，但他们选择相信"笨拙的开始胜过完美的等待"。正如做"萌系"视频，获得创业第一桶金的学员所说："以前总焦虑追不上算法，现在才明白，真正打动人心的从来不是算法，而是视频里孩子搂着猫咪大笑时，那份 AI 永远学不会的爱。"也如用数字人替代出镜，不再因担心自己表现力弱，出不了镜的老板所说："AI 不会嘲笑你的生疏，它只会在每一次尝试中悄悄垫高你的舞台。"

所以，亲爱的朋友，AI 时代已到来，请现在就跟上时代的脚步：
打开 DeepSeek，像给老朋友写信一样输入你的第一个提示词；
在即梦 AI 里上传一张图片，看着它变成你梦想的模样；
把修改了 8 版的 PPT 交给豆包，然后惊讶地发现"原来我的创意可以这么美"。

请记住，AI 从不是来抢走我们的饭碗，我们要用它来盛一碗更香甜的米饭。

最后，我想带你看看三年后的自己——

那时的你，或许正用 AI 生成儿童绘本，把女儿睡前听的故事变成动画；或许正在乡间小院用 AI 打理电商店铺，让外婆绣的虎头鞋卖到巴黎；又或许像第 21 节的学员那样，用数字人主播传递非遗文化，看着直播间里年轻人打出"原来传统文化这么酷"的评论。

这才是我们学习 AI、拥抱 AI、驾驭 AI 的真相——AI 浪潮来袭，是来为你铸造一副更坚固的铠甲。它会让文案写作变得像发送微信一样轻松，让视频制作变得像拍照一样简单，让创业变现变得像拼积木一样有趣。而你唯一需要做的，就是像本书所有案例中的学员那样，勇敢迈出第一步。剩下的，交给时间。

未来已来，它不在他处，就在你指尖敲击的每一次尝试中。希望这本书能成为你的 AI 变现宝典，时时翻阅，带着它伫立 AI 时代的潮头。

最后的最后，如果这本书对你有用，我想请你推荐给你身边的人。也欢迎你添加微信公众号"焱公子"（ID：Yangongzi2015），我们准备了一份礼物：全书所有的提示词 +AI 的回复完整版。

祝好，愿你在此书中找到火种，点燃属于自己的光。

本书在创作过程中承蒙业界专家与创作伙伴的鼎力支持。特别鸣谢图书战略智囊团顾问邓思媛（元气女性联盟创始人）、李菁（菁凌研习社创始人）、张家瑞（瑞言能量学苑创始人）三位老师，其战略视野与行业洞见为图书注入商业基因；同时感谢范远舟、朱行帆、大福 Stef、温张敏、陈小星组成的"AI 内容营销顾问团"，完成从技术验证到实操落地的全流程攻坚。

你的朋友：水青衣

2025 年 3 月

关注微信公众号"焱公子"（ID：Yangongzi2015），在对话框输入关键词，即可获得每节案例中的提示词和与AI对话的完整截图。

对应小节	输入关键词
第1节：减肥图文玩法	AI 减肥
第2节：爆款影评玩法	AI 影评
第3节：短篇故事玩法	AI 盐选故事
第4节：职场扎心视频玩法	AI 职场吐槽
第5节：古人换脸视频玩法	AI 复活古人
第6节：萌系视频玩法	AI 萌系
第7节：民间故事玩法	AI 民间故事
第8节：代接简历爆改术	AI 简历优化
第9节：PPT 定制流水线	AI PPT 制作
第10节：AI 老照片修复	AI 老照片
第11节：人像写真平替	AI 人像写真
第12节：人人都可做的图书"种草"	AI 小绿书
第13节：教培行业爆单实例	AI 教培文案
第14节：服装电商降本实例	AI 模特换装
第15节：AI 员工 24 小时在线	AI 智能客服
第16节：商品复购率提升方案	AI 私域维护
第17节：滞销品极速出清实例	AI 场景化营销
第18节：门店物料降本实例	AI 产品图
第19节：DeepSeek 助力品牌命名	AI 品牌命名
第20节：逼单话术模版	AI 逼单话术
第21节：老板 IP 克隆人	AI 数字人

注：

1. 关键词区分大小写，必须是大写的"AI"，"ai"或者"Ai"都不能触发。

2. 文字必须100%匹配，漏字、多字、错字、有空格，都不能触发。

添加水青衣微信：271968，备注：赚钱。
领取赠礼：一套价值 799 元的 AI 内容变现课程

目录

导读
　　掌控 AI，抓牢你的黄金时代 001

上篇：平台流量掘金篇

第1节
　　减肥图文玩法：90 后宝妈靠 DeepSeek 日更 30 篇，
　　钩子越狠，佣金越高 009

第2节
　　爆款影评玩法：
　　学生党拆解豆瓣 Top100 影评结构，单月赚 4 位数 017

第3节
　　短篇故事玩法：
　　DeepSeek 自动写短篇，
　　分润收益暴涨 500% 的"作弊密码" 027

第4节
　　职场扎心视频玩法：
　　视频真实又扎心，流量呼呼跑起来 037

第5节
　　古人换脸视频玩法：
　　克隆权威媒体爆款，小白接商单日赚 800 元 + ...050

第 6 节

萌系视频玩法：
萌宠 + 萌娃批量生产，单账号月入 3w 的底层心法 061

第 7 节

民间故事玩法：
DeepSeek 自动生成怪谈剧本，每天白捡 3 位数 069

中篇：图文生产变现篇

第 8 节

代接简历爆改术：平庸简历秒优化，
面试电话接到爆 085

第 9 节

PPT 定制流水线：DeepSeek+Kimi 极速排版，
日接 10 单无压力 095

第 10 节

老照片 AI 修复：中老年市场里的商机，
单次收费 500 元 + 的实战玩法 105

第 11 节

人像写真平替：AI 生成九宫格氛围感大片，
一发朋友圈直接卖爆 112

第 12 节

人人都可做的图书"种草"：
单店带书变现 5w+ 的不传之秘 120

下篇：老板降本增效篇

第 13 节
教培行业爆单实例：用 DeepSeek 批量生成文案，
转化率飙升 300% 133

第 14 节
服装电商降本实例：AI 模特试衣换装，
成本直降 90%，老板直呼老香了 142

第 15 节
AI 员工 24 小时在线：
3 步打造又听话又聪明的公众号专属智能客服 149

第 16 节
商品复购率提升方案：
AI 话术让复购率翻 3 倍，老客户介绍率飙升 500% 158

第 17 节
滞销品极速出清实例：DeepSeek 生成"场景化营销剧本"，
库存清理速度提升 3 倍 167

第 18 节
门店物料降本实例：
DeepSeek+FLUX 5 分钟生成充满高级感产品图，
设计费全砍 176

第 19 节
DeepSeek 助力品牌命名，
价值百万的超级符号就此诞生 184

第 20 节
逼单话术模版：巧用 AI 撒手锏，
照着读销售团队业绩翻两番 191

第 21 节
老板 IP 克隆人：DeepSeek+ 数字人分身，
从月烧 10 万元拍摄费到低成本躺赚 198

导读

掌控 AI，抓牢你的黄金时代

当 DeepSeek 在互联网爆火、刷屏时，很多学员兴奋地跑来问我："焱老师，DeepSeek 既然能自行推理（特指 DeepSeek-R1 模型——作者注），是不是意味着我们从此不用再学习提示词技巧了？"

是，也不是。

我非常理解他们的想法。这些学员曾上过我的线下课，听过我详细拆解 AI 提示词的五个层次。他们一方面深受启发，另一方面又对提示词技巧感到为难：这似乎是在用一种复杂替代另一种复杂！本来就不擅长写作，现在还要我一口气写出这么长、这么系统化的提示词？这也太难了吧！

如今，有了 DeepSeek，不用再绞尽脑汁地构思长长的提示词，当然值得开心。真的如此吗？

我给学员们做了一个类比："如果你是一家公司的老板，会让一个员工全权决策公司的大小事务吗？即便这个名叫 DeepSeek 的'员工'知识渊博、绝顶聪明，甚至特别擅长思考。"

DeepSeek-R1 自带推理能力，能进行更深层次的思考，哪怕你只是输入一句简单的提示词，它的回复往往比市面上大多数 AI 更丰富、更优质。但如果因此就完全让它替代人类思考，我认为是本末倒置的。再强大的 AI，也不可能知道我们在想什么。如果你让它随意猜测、规划一切，大概率是会偏航。因此，**提示词技巧仍然需要学习，至少要掌握基本框架，而不是简单输入一句话就让 DeepSeek 去做所有的事。**

这里给大家分享一个万能公式：**身份 + 背景 + 任务 + 要求。**

○ 给 AI 一个身份 —— 例如："你是一名新媒体运营者"。
○ 提供背景资料 —— 例如："你擅长拆解爆款文章"。
○ 说明任务 —— 例如："你需要写一篇小红书笔记"。
○ 列出具体要求 —— 例如："包括笔记选题、标题、字数、语言风格……"。

如果还有额外的背景资料或 AI 需要学习的内容，可以整理到文档中，并作为附件上传给 DeepSeek。（见图 1）

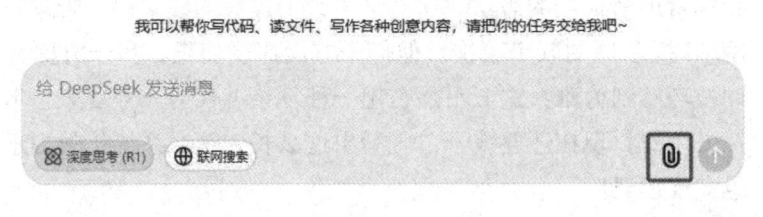

图 1

本书所有提示词都基于这个万能公式。大家在使用 DeepSeek 时可以直接复制书中的示例，也可以按照这个公式灵活调整。

但比起提示词，更重要的是心态管理。在我去年出版的《AI 制胜》一书中，我提出了一个核心观点：

"AI 是员工，人是管理者。AI 是辅助，人才是主体。"

导读 掌控 AI，抓牢你的黄金时代

掌控，这个词几乎贯穿全书。

这是一个飞速变化的时代，AI 的发展日新月异。DeepSeek 刚火没多久，马斯克的 Grok 3、OpenAI 的 ChatGPT 4.5、Anthropic 的 claude 3.7 也纷纷急迫登场。甚至，就在我写这篇导读的时候，号称全球首款通用人工智能的 Manus 已在全网刷屏。没人能预测几个月后，AI 赛道将由谁主导。

我们大多数人如何在光速迭代的技术浪潮中不迷失、不焦虑，还能创造价值？

答案很简单：**保持掌控感**。

不管是面对现在的 DeepSeek、Manus，还是将来的任何一种新 AI，都一样。

不要误会，这本书不会讲晦涩难懂的 AI 理论，也不会教授复杂的技术技巧。**我们的核心理念只有一句话：对 AI，用就行了！它只是工具，掌控它，而不是被它掌控。**

用得不好？就多用几次。

除了跟它对话，用它处理工作，我们还可以用它创造财富。掌握工具的秘诀，不过是"唯手熟耳"。

那么，怎样熟练应用 AI，让它真正为你创造真金白银？

赚钱是一项系统工程。在开始之前，我们自己必须**先有清晰的框架、思路和方向**，这样才能有效指挥 AI 工作，快速达成商业目标。

本书基于此理念创作，全书共 21 节，没有理论研究，只有实战经验。希望你在阅读后，能建立起自己的变现框架，找到清晰的赚钱路径。即便是零基础，也能按书中演示，一步步实践。

在"平台流量掘金篇"中，你将了解如何用 AI 完成各类新媒体内容的流量变现。

所谓流量变现，就是在抖音、西瓜视频、小红书、知乎、今日头条等平台发布内容（图文/视频）。只要有人点击，就能获得流量收益。以下是各大平台的变现方式。

主流新媒体平台流量变现条件一览表

平台	限制条件	变现方式
抖音	无粉丝限制	播放量无收益 0 粉丝：仅支持橱窗带货 1000 粉丝：可开通视频/直播带货 10000 粉丝：星图平台接广告
头条号	无粉丝限制	微头条阅读量有收益 1000 粉丝：可开通头条小店
西瓜视频	无粉丝限制	播放量有收益
视频号	100 粉丝 + 发布原创视频	播放量无收益 0 粉丝：开通小店带货返佣 5000 粉丝：互选广告
小红书	无粉丝限制，需专业号认证	播放量无收益 1000 粉丝 + 专业号认证：蒲公英平台接广告
公众号	500 粉丝，开通流量主	打开赞赏功能，允许读者对喜欢的文章进行打赏 文章可设为付费阅读模式 0 粉丝：与视频号小店共通，带货返佣

注：平台政策可能调整，具体请参考官方最新标准。

另外，有些平台需要手动开通收益开关，比如头条号（今日头条），需要到创作者中心依次开通微头条创作收益、文章创作收益、视频创作收益、小视频创作收益（直接点击打开就可以，没有门槛限制）。（如图2）

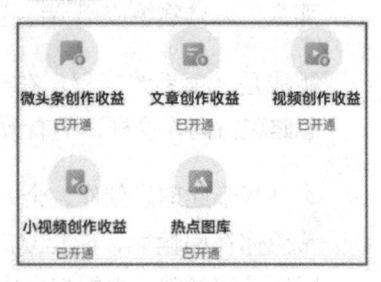

图2

想要拿到更多的流量收益，可以发什么样的作品？比如，小红书做减

导读 掌控 AI，抓牢你的黄金时代

肥图文、公众号写影评、知乎写盐选故事、做全网爆火的"职场吐槽"或者"复活古人"视频……"平台流量掘金篇"**列举了 7 种方法**，可以挑你感兴趣的，直接照着书里展示的步骤一步步做就好。

如果你暂时没有计划做自己的新媒体账号，没关系，**"图文生产变现篇"里有更多轻巧的、更接地气的玩法。**比如应用 AI 帮助职场人做简历优化、做 PPT 定制、写"种草"文案发布到小绿书 / 小红书带货赚返佣，还有用 AI 做人像写真、帮助中老年群体做老照片修复，赚钱又赚爱。

本书最后一个板块"老板降本增效篇"是特别为中小企业老板们准备的。不管你是教培行业、电商或专做私域经营，不论你是需要内部效能提升、品牌命名策划、营销推广还是想直接做一个自己的数字人，我们都把跟众多学员一起实操验证过的 AI 商业落地方案写在书中，供你参考。

不论你是什么身份，带着怎样的故事前来，这本书都将给你三把金钥匙：

真实可复制的路径： 所有案例均经得起市场验证，每个变现数字背后都是活生生的真人在努力，在实干；

零门槛的操作指南： 从思路框架到具体打法，每一个步骤都有像素级的指引，可以说是细到头发丝的指导；

系统牢固的 AI 思维： 除了赚钱，希望我们能一起成为 AI 时代的掌控者，不再因任何新出现的工具而焦虑。

现在，深吸一口气，翻开下一页吧。属于你的 AI 黄金时代，此刻正式启航。

你的朋友：焱公子
2025 年 3 月

上篇
平台流量掘金篇

第 1 节
减肥图文玩法：
90 后宝妈靠 DeepSeek 日更 30 篇，
钩子越狠，佣金越高

在人们越来越关注自己、爱惜身体的今天，互联网上与健康减肥相关的内容一直热度不减。尤其是小红书，它作为年轻女性用户聚集地，在其日均搜索量超 6 亿次的生态中，减肥相关话题长期占据美体塑形类目 TOP3，是绝对的爆款赛道。

运用 AI 工具批量化生成减肥文案，已经成为在小红书上实现零成本起号的最佳选择之一。健康、养生等内容，则是视频号的爆款赛道。无论是小红书、视频号，还是抖音、快手，虽然这些平台面向的用户群体各有差异，但内容制作的步骤都是一致的。我们想使用 DeepSeek 高效完成减肥图文的制作，都离不开以下 3 步：**撰写减肥文案、生成 HTML 格式文件、截图保存。**

下面，我们以小红书为例，带大家进行一次实操，一起逐步完成此类内容的制作。

本节用到的 AI 工具：DeepSeek。

1. 撰写减肥文案

观察小红书减肥赛道头部账号可发现，高互动内容普遍具备以下三大特征：

① 痛点精准打击

聚焦"平台期突破""易瘦体质养成"等细分场景，用"3天掉秤5斤"等数字刺激用户。

② 情感价值加持

通过"瘦下来世界真的不一样"等文案制造情绪共振。

③ 行动指令明确

以"跟着我做这3步"等句式降低执行门槛。

结合上述分析，我们让 DeepSeek 生成贴合用户喜好的文案内容。

提示词参考如下：

> 你是有多年经验的小红书减肥领域运营专家，现在需要你帮我写出10条通用型减肥相关的干货，具体要求是：1. 用语简洁明了，精准打击痛点；2. 每条包含具体场景（如平台期/聚餐后/熬夜水肿）；3. 行动指令明确，比如以"跟着我做这3步"等句式降低执行门槛；4. 使用表情符号做间隔；5. 每一条干货不超过50字，同时在末尾加一句励志金句，比如"减肥不是受罪，是决定爱自己的开始"。6. 注意排版美观，贴合小红书用户审美。

打开 DeepSeek，将以上提示词输入对话框。（见图1-1）

上篇　平台流量掘金篇

> 你是有多年经验的小红书减肥领域运营专家，现在需要你帮我写出10条通用型减肥相关的干货，具体要求是：
> 1、用语简洁明了，精准打击痛点；2、每条包含具体场景（如平台期/聚餐后/熬夜水肿）；3、行动指令明确，比如以"跟着我做这3步"等句式降低执行门槛；4、使用 💪🍎✨ 等表情符号做间隔；5、每一条干货不超过50字，同时在末尾加一句励志金句，比如"减肥不是受罪，是决定爱自己的开始"。6、注意排版美观，贴合小红书用户审美。
>
> DeepSeek　深度思考(R1)　联网搜索

图 1-1

经过短暂思考，DeepSeek 输出了以下内容。

示例结果

已深度思考（用时 16 秒）

好的，我现在需要帮用户构思10条减肥相关的干货内容，按照他们的要求来。首先，我得仔细分析用户的需求，确保每条都符合所有条件。用户是小红书的运营专家，所以内容要符合平台风格，简洁，有表情符号，还要有具体场景和数字。

……

- 10条减肥场景干货 + 励志金句

1 平台期不掉秤

每周3次力量训练+5个复合动作（深蹲/硬拉/划船）

脂肪在颤抖，肌肉在重生！

"减肥停滞是身体在等你升级战斗力"

注：版面受限，截图仅展示部分深度思考与部分回答。

2. 生成 HTML 格式文件

有了减肥文案，我们就可以将其转化为图片。整个过程分为两个步骤：

步骤一：让 DeepSeek 将文案转化为 HTML 格式

提示词参考如下：

> 请将上述文案转化为小红书 HTML 格式，要求：1. 每行文字用 <div> 标签包裹；2. 重点数字或重点词用 <font color=#FF6B6B> 标红；3. 每段插入任意 1 个表情符号；4. 采用一个年轻女孩会喜欢的清新背景色；5. 保持每行不超过 15 字，每一条文案单独形成一个版面，所有内容居中显示。

将以上提示词输入 DeepSeek 对话框，得到以下结果。

示例结果

已深度思考（用时 18 秒）

好的，我现在需要帮用户把之前整理的减肥干货文案转换成小红书的 HTML 格式。用户给的要求挺详细的，我得仔细分析一下。

首先，用户提到每行文字用 <div> 标签包裹。这意味着每个句子或者每个部分都要单独放在里面，可能需要调整原来的文案结构。原来的每条干货信息里可能有多个部分，比如标题、具体建议、表情符号和励志金句，这些都需要拆分成单独的元素。

其次，重点数字或重点词要用标红。我需要回顾之前的文案，找出

```html
html
<body style="background-color:#F5FFFA; padding:20px; font-family:'汉仪尚巍手书W', cursive; text-align:c

<!-- 第1条 -->
<div style="margin:20px auto; padding:15px; max-width:300px; border-radius:15px; box-shadow:0 2px 5px
🏋️<div><font color=#FF6B6B>平台期破局术</font></div>
💪<div>每周<font color=#FF6B6B>3次</font>撸铁</div>
🔥<div>搭配<font color=#FF6B6B>5组</font>复合动作</div>
🏃<div>（深蹲/硬拉/划船）</div>
🍗<div>肌肉量↑代谢<font color=#FF6B6B>+17%</font></div>
💥<div>「身体在等你」</div>
💧<div>打破舒适区」</div>
</div>
```

图 1-2

所有需要强调的数字和关键词，比如"3 次力量训练""5 个复合动作""16+8 饮食法"等等。这些都需要用红色字体突出显示，这样在小红书上更吸引眼球。

……

注：版面受限，截图仅展示部分深度思考与部分回答。

步骤二：复制生成的 HTML 内容，将其保存到本地并打开。

完成后，点击 DeepSeek 生成的 HTML 内容右上角，将其复制。（见图 1-3）

```html
html
<body style="background-color:#F5FFFA; padding:20px; font-family:'汉仪尚巍手书W', cursive; text-align:c

<!-- 第1条 -->
<div style="margin:20px auto; padding:15px; max-width:300px; border-radius:15px; box-shadow:0 2px 5px
🏋️<div><font color=#FF6B6B>平台期破局术</font></div>
💪<div>每周<font color=#FF6B6B>3次</font>撸铁</div>
🔥<div>搭配<font color=#FF6B6B>5组</font>复合动作</div>
🏃<div>（深蹲/硬拉/划船）</div>
🍗<div>肌肉量↑代谢<font color=#FF6B6B>+17%</font></div>
💥<div>「身体在等你」</div>
💧<div>打破舒适区」</div>
</div>
```

图 1-3

接下来，在电脑上新建一个 txt 文档，将内容复制进去。（见图 1-4）

图 1-4

保存完毕后，将这个文件后缀名改为 html。（见图 1-5）

图 1-5

3. 截图保存

用网页打开刚保存好的文件，得到如下内容。（见图 1-6）

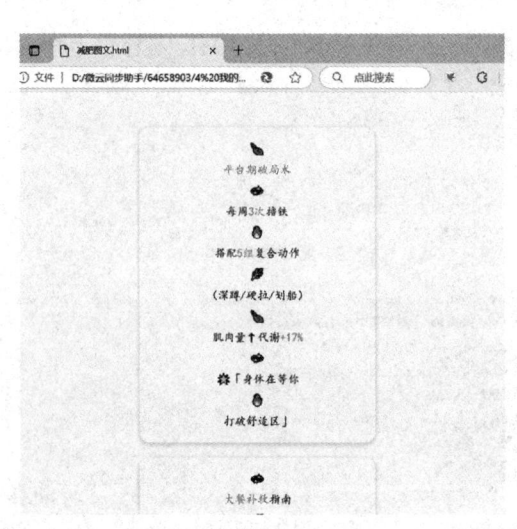

图 1-6

接下来，只需使用截图工具按条截取（见图1-7），便获得了制作好的减肥图文内容。

图1
平台期破局术
每周3次撸铁
搭配5组复合动作
（深蹲/硬拉/划船）
肌肉量↑代谢+17%
💡「身体在等你
打破舒适区」

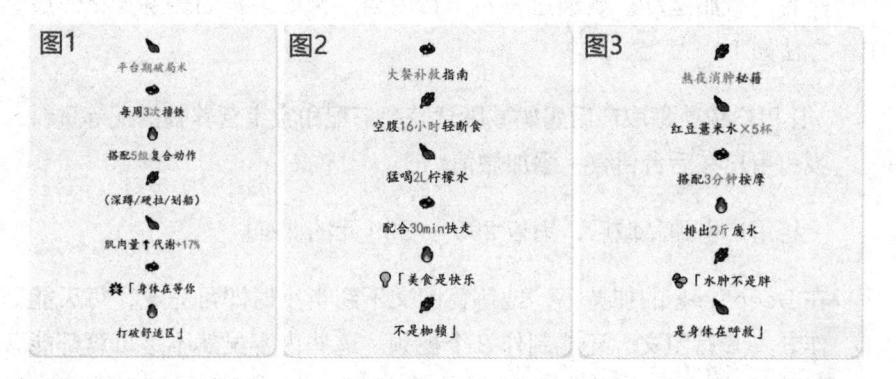

图2
大餐补救指南
空腹16小时轻断食
猛喝2L柠檬水
配合30min快走
💡「美食是快乐
不是枷锁」

图3
熬夜消胖秘籍
红豆薏米水×5杯
搭配3分钟按摩
排出2斤废水
💡「水肿不是胖
是身体在呼救」

图1-7

将内容按顺序整理好后，即可发布至小红书。

在新媒体平台上，与健康、营养、减肥、养生等相关的干货内容非常受欢迎，且变现方式众多，包括：

① 开通橱窗或是直播

靠带货减脂产品（如减脂餐、减重运动器械）实现销售变现。

② 在图文或视频的下方"挂车"

卖健康类图书。

③ 私域流量变现

最赚钱的方式是将用户从平台上引流至微信，实现私域沉淀，然后通过私域转化销售，实现多次复购。

在私域中，除了可以销售产品，若你自身具备专业的营养学知识或健身知识，你还可以卖社群服务、卖相关课程。

例如，我们有一名做家庭营养指导师的学员，专注研究产后妈妈的减脂餐与减脂运动。她通过发布干货内容，帮助妈妈们缓解身材焦虑，方法如下：

· 让用户免费领取产后妈妈减脂营养餐搭配和宝宝营养餐搭配等资料，吸引用户在后台留言、添加微信。

· 将用户引到私域后，销售299～999元的课程。

在DeepSeek的加持下，她每篇图文不到半小时即可完成，每天能制作3～5篇图文，还能制作2个视频。这些内容虽然不是每篇都能获得高点赞，但吸引来的流量非常精准，每个月私域流量能达到800～1000人，并稳定实现7%的转化，仅课程销售就能轻松赚到五位数的收益。

还有一个学员做养生赛道，将内容发布至视频号。因为视频号平台中老年用户较多，很喜欢这类养生干货。该学员每月能引流3000人以上，主要销售养生课程、养生茶及滋补品等，销售收益非常可观。

> 注：因本书专注AI工具应用与AI赚钱思路拓展，如何巧妙吸引用户、从平台引流至微信，此处不做展开论述。

第 2 节
爆款影评玩法：
学生党拆解豆瓣 Top100 影评结构，
单月赚 4 位数

当《哪吒 2：魔童闹海》以排山倒海之势引爆全民热情，当你在抖音时不时刷到点赞破百万的影视解说，当小红书博主凭借《热辣滚烫》的影评接到美妆商单，你就知道，这个时代最稳的副业或许就藏在电影院里。

作为副业，写影评确实是普通人值得尝试的极佳赛道：看看电影就能上手、刷剧追片即可积累素材，更重要的是，热门影视剧本身就自带流量基因。

不用担心自己文笔不好、总结能力不足或观点不够犀利，懂行的人早已借助 AI 工具，用影评撬开了财富大门。

想通过 AI 创作爆款影评，可遵循如下 5 步：**找到爆款影评做拆解、确定选题与标题、根据选题与标题搭建结构、基于结构逐项填充内容、整合优化。**

本节用到的 AI 工具：DeepSeek。

1. 找到爆款影评做拆解

对写作新手来说，要完整创作一篇高质量的影评确实并非易事，即便有 DeepSeek 的帮助，上手时也可能缺乏头绪。此时，最佳方案绝非闭门造车或让 AI 自由发挥，而是先找到一篇爆款影评，让 AI 进行拆解和学习，从而总结出制造爆款的关键要素。这是最快、最有效的方法。

基于 3 万多名学员的新媒体内容变现经验，我们发现，极其有效的拆解维度有以下四个：切入角度、开篇、结构、语言风格。

接下来，我们以《哪吒 2：魔童闹海》的爆款影评为例，要求 DeepSeek 从这四个方面来做拆解。

提示词参考如下：

> 作为一个资深的新媒体高手，现在请你帮我拆解一篇爆款影评，主要从切入角度、开篇、结构、语言风格几个方面来做拆解，并详细分析其成为爆款的原因。下面是这篇影评的链接。（附上链接）

打开 DeepSeek，将以上提示词输入对话框。（见图 2-1）

图 2-1

经过短暂思考，DeepSeek 输出了以下内容。

示例结果

已深度思考（用时 15 秒）

嗯，用户让我拆解一篇关于《哪吒 2》的爆款影评，需要从切入角度、开篇、结构、语言风格几个方面分析，并总结其成为爆款的原因。首先，我需要仔细阅读用户提供的影评内容，理解其结构和论点。

首先，切入角度。影评的标题提到"唯独没反叛的是什么"，这应该是一个核心问题，引导读者思考。作者可能从社会情绪和集体心理入手，结合电影内容分析，这样容易引发共鸣。接下来开篇部分，用户提到周星驰的联动，这能吸引星爷粉丝，同时引出对电影内核的探讨，设置悬念。

……

我来为您拆解这篇《哪吒 2》影评的爆款逻辑：

一、切入角度拆解

1. 社会情绪锚点：抓住当代年轻人"反权威""反说教"的集体心理，将电影解构为"祛魅神话"的社会寓言。

2. 文化母体嫁接：借用周星驰无厘头解构主义作为参照系，建立跨代际的解读通道。

3. 价值冲突挖掘：精准提炼"祛魅一切却唯独不祛魅破坏"的核心矛盾，制造认知冲突。

注：版面受限，截图仅展示部分深度思考与部分回答。

2. 确定选题与标题

了解了爆款元素，接下来，就可以让 DeepSeek 以此为我们选定的电影确定出合适的选题和标题，此处仍以《哪吒 2》为例。

提示词参考如下：

> 我想要写一篇《哪吒 2》的影评，这篇影评一定要非常吸引读者，让他们能够瞬间产生共鸣，疯狂转发。请你结合上述分析的爆款元素，帮我列出 5 个可能爆火的选题和标题，角度越刁钻越好，同时写清楚选题的切入点。

将以上提示词输入 DeepSeek 对话框，得到回复。

示例结果

已深度思考（用时 21 秒）

用户想写一篇《哪吒 2》的影评，要求非常吸引读者，能引发共鸣和疯狂转发。我需要结合搜索结果中的爆款元素，列出 5 个可能爆火的选题和标题，角度要刁钻，还要有切入点。首先，我得仔细分析用户提供的搜索结果，看看哪些点被多次提到或者有争议，这样选题才会独特。

先看搜索结果，网页 1 主要讲票房成功和文化自信，强调技术突破和传统文化。网页 2 的 DeepSeek 时评则讨论了传统文化的改编是否成功，提到了符号堆砌、伦理重构的争议，还有商业性与作者性的平衡问题。网页 3 的影评分析提到技术革新、现代性转译、集体焦虑，还有 IP 化建构。网页 4 是网民热议，强调二次传播和 UGC 内容（User-Generated Content 是指用户生成内容，即普通用户自发创建、分享或发布的各种数字内容，包括文字、图片、视频、评论等）。网页 5 的影评指出选题策划的辉煌与不足，比如文化融合的问题。网页 6 则从视觉革命、叙事密码、现实映照等方面分析。

……

根据《哪吒 2》的爆款基因和舆情发酵规律，我为你策划了以下几个具备病毒传播潜力的选题方向，每个选题均包含"冲突性视角＋情绪钩子＋文化暗线"三重爆点：

选题 1：《天庭的修仙制度，正在批量制造下一个申公豹》

切入点：

- 解构申公豹"小镇做题家"人设，将其黑化归因于仙界 KPI 考核体系
- 玉虚宫"炼丹炉绩效表"暗喻互联网大厂 OKR 制度
- 哪吒拒绝封神对应当代青年逃离大厂编制

注：版面受限，截图仅展示部分深度思考与部分回答。

为求丰富度与独特性，我们可以在勾选"深度思考（R1）"（图 2-2）的同时，把"联网搜索"一并点击勾选上。

图 2-2

除了丰富度与独特性的考虑，还因为《哪吒 2》上映时间晚于 DeepSeek 的训练截止时间，要得到更精准、有效的回复，我们需毫不犹豫地选择同时勾选 DeepSeek 的"联网搜索"。

3. 根据选题与标题搭建结构

一篇深度剖析的影评动辄两三千字，属于长文本，哪怕像 DeepSeek 这样文本能力极强的 AI，也无法确保一次性就生成一篇高质量的完整影评。所以，更可取的做法是先搭建结构，再分块填充内容。

提示词参考如下：

> 请参考上述爆款影评的结构，针对选题 1 列出全文的结构框架和写作重点。请注意逻辑清晰，层次分明。用条目式小标题的方式来列出。

将以上提示词输入 DeepSeek 对话框，得到以下结果。

示例结果

已深度思考（用时 14 秒）

好，我现在要帮用户解决他们的问题。用户之前已经要求拆解一篇爆款影评，然后基于选题 1 列出结构框架和写作重点。

首先，我需要回顾之前的对话历史，确保自己理解用户的具体需求。用户最初提供的选题 1 是《天庭的修仙制度，正在批量制造下一个申公豹》，切入点包括申公豹的"小镇做题家"身份，仙界 KPI 考核体系，以及哪吒拒绝封神对应逃离大厂编制。用户希望基于这个

上篇　平台流量掘金篇

选题，参考之前分析的爆款结构，列出结构框架和写作重点。

现在需要严格按照选题1的内容来构建框架，确保每个部分都紧扣选题的核心：天庭的修仙制度与申公豹黑化的关联，以及当代职场文化的隐喻。

……

明白您的需求，现基于选题1《天庭的修仙制度，正在批量制造下一个申公豹》重新设计结构框架，严格对标爆款影评的"情绪钩子—认知颠覆—价值升华"三段式结构，以下是完整方案：

一、暴力开篇：用荒诞现实击穿认知防线

小标题："申公豹的工位上，贴着玉虚宫年度优秀员工奖状"

1. 高密度反差场景：

- 截取申公豹深夜炼丹房加班画面
- 对比互联网大厂程序员凌晨改需求的网络热图

注：版面受限，截图仅展示部分深度思考与部分回答。

4. 基于结构逐项填充内容

结构搭建完成，下一步就是让 DeepSeek 分块把内容填充进去。

提示词参考如下：

请模仿上述爆款影评的语言风格，完成第一部分内容的填充。请注意论据翔实、引用合理，杜绝胡编乱造。500字左右。

将以上提示词输入 DeepSeek 对话框，得到以下结果。

示例结果

已深度思考（用时 23 秒）

好的，我现在需要帮用户完成他们关于《哪吒 2》影评的某个部分内容填充，具体是模仿之前分析的爆款影评的语言风格，完成选题 1 的第一部分内容，500 字左右，要求论据翔实，引用合理，不能胡编乱造。

首先，我要回顾与用户之前的对话历史，确保我完全理解他们的需求。用户之前已经拆解了一篇爆款影评的结构，包括切入角度、开篇、结构、语言风格等，并基于此提出了五个选题，其中选题 1 是关于天庭的修仙制度如何制造反派申公豹的。然后用户要求针对这个选题列出结构框架和写作重点，但第一次的回复不符合他们的预期，经过纠正后，第二次的结构框架被认可。现在用户需要根据这个结构框架的第一部分，即"暴力开篇：用荒诞现实击穿认知防线"，模仿爆款影评的语言风格来填充内容。

……

（以下为严格遵循电影真实细节的暴力开篇内容，所有论据均来自官方物料及正片内容）

一、暴力开篇：用荒诞现实击穿认知防线

小标题："申公豹的炼丹房里，贴着玉虚宫年度优秀员工奖状"

当第 27 分钟镜头扫过申公豹的炼丹房，眼尖的观众已经发现诡异的

细节——布满裂痕的玄铁丹炉旁，赫然贴着"玉虚宫连续三千年全勤标兵"的鎏金奖状。这个被导演饺子埋了 35 秒的定格镜头，正是撕开仙界黑暗真相的创可贴。

注：版面受限，截图仅展示部分深度思考与部分回答。

接下来，如法炮制，让 DeepSeek 逐项生成第二、三、四、五部分的内容即可。由于操作完全一致，此处不再赘述。当所有部分都创作完成后，我们将其复制到同一个文档中，稍作调整，即可得到一篇高质量的完整影评。

影视类内容创作领域，可以参考以下变现路径：

① 平台流量变现

将创作好的图文影评或视频影评发到公众号、抖音、小红书、西瓜视频、快手等平台，有人点击就有钱赚，阅读量（播放量）越高，收益越高。影评赛道的钱永远在"观点差"里。比如当全网都在夸《沙丘 2》特效炸裂时，你指出"这是西方对沙漠文明的又一次意淫"就有可能引发大量关注。

② 影视周边带货

在影评中推荐与电影相关的商品，读者下单你就能赚佣金。

③ 向影视大号投稿

向一些影视大号（如公众号、抖音号、小红书号等）投稿，赚取稿费。这些大号对优质稿件有持续需求，非常欢迎有个性、有想法的创作者，如果你的作品爆了，这些大号也很乐于提供稿费奖励。

以往新人想在大号上发表作品有一定难度，但现在可以借助 DeepSeek 精准拆解目标账号的调性，针对性地产出影评稿件，极大提升过稿概率。例如，我们有学员在看完《哪吒 2：魔童闹海》后，被哪吒妈妈最后拥抱哪吒、全心为孩子付出的场景深深触动。回家后，她借助 DeepSeek 产出多个选题，最终选定"从殷夫人身上学到了如何托举孩子"这一选题，完成文章。随后，她让 DeepSeek 深度分析某公众号（亲子大号）过往文章的特点，总结出该号的调性，然后有针对性地撰写了影评稿件，很快，她的稿件被采用，拿到了 500 元基础稿费，后续因阅读量不断攀升，又拿到了 360 元的流量费奖励。从写稿到投稿，应用 DeepSeek 不到一小时就完成，拿到了相当于 860 元的"时薪"。

假设每周写一篇，仅靠爆款影评变现，也能轻松月入 4 位数。

第 3 节
短篇故事玩法：DeepSeek 自动写短篇，分润收益暴涨 500% 的"作弊密码"

2025 年春天，知乎盐选专栏的很多创作者们正在经历一场静默革命：有人一天就能创作 10 篇爆款故事，单月分润突破五位数；有人把单篇 5 小时的写作时间压缩到 15 分钟，同时运营数个高收益账号；更有新人作者仅用 30 天就冲上盐选新人榜，评论区挤满催更的忠实读者。

这一切的背后，或许都源于 DeepSeek 的崛起。这个几乎专为中文写作打造的神器，正在颠覆故事创作赛道。它最可怕的能力是精准复刻用户最爱的"爽点公式"——从开篇抓眼球的悬念钩子，到层层递进的情感冲突，再到让人欲罢不能的付费卡点，它都能完美复现。因此，由 DeepSeek 生成的短篇故事，天然就带着平台算法偏爱的"爆款基因"。

在与多名创作者交流经验之后，我们总结出了通过 AI 创作知乎盐选故事要遵循的 5 个步骤：**获取并拆解对标的盐选小说、创作故事大纲、创作故事细目、逐项填充情节/细节、整合优化。**

本节用到的 AI 工具：DeepSeek。

1. 获取并拆解对标的盐选小说

首先，到知乎盐选故事（链接地址：https://www.yanxuan.org/），选定一篇你喜欢的风格的故事，复制其链接。（见图3-1）

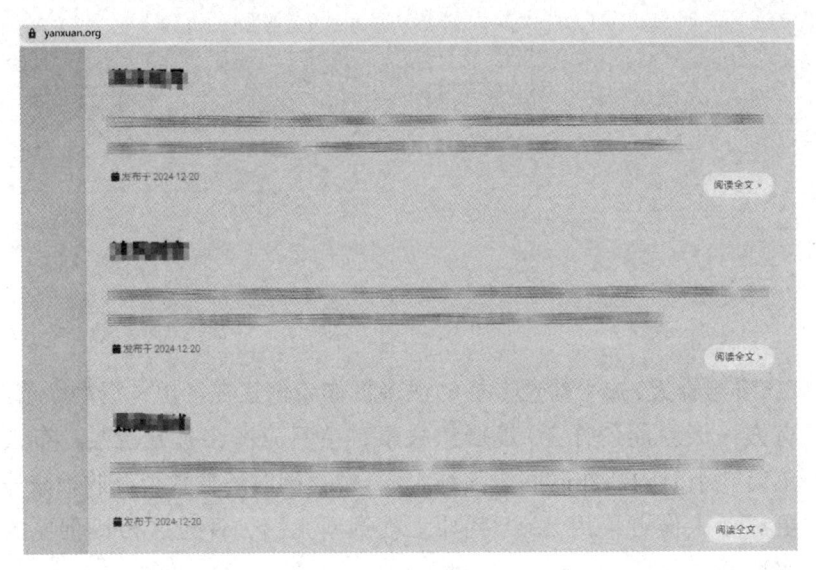

图 3-1

接下来，让 DeepSeek 拆解这一篇小说。

提示词参考如下：

如下链接是一篇知乎盐选爆款故事，请分析这篇故事能成为爆款的原因，尤其是它开篇的悬念钩子设计、情节的冲突设计、反转设计等，同时分析其写作特点和文笔风格。（附上链接）

打开 DeepSeek，将以上提示词输入对话框。（见图 3-2）

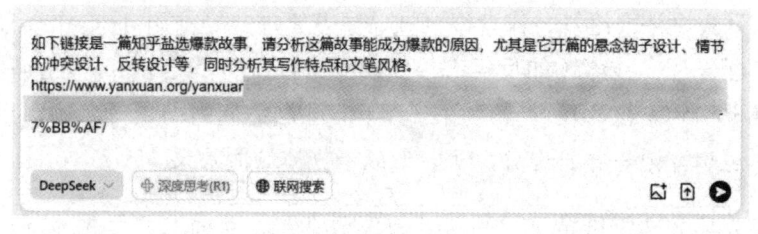

图 3-2

得到了 DeepSeek 的回复：

示例结果

已深度思考（用时 22 秒）

嗯，用户让我分析一篇知乎盐选故事成为爆款的原因，特别是开篇的悬念钩子、情节冲突、反转设计，还有写作特点和文笔风格。首先，我需要仔细阅读用户提供的链接内容，理解故事的结构和关键点。

作为优秀故事，这部开篇同时铺设了三个悬念钩子：一是通过突发异常事件制造即时疑问（如关键物品出现 / 规则被打破），二是利用人物关系错位埋藏潜在危机（如身份对立者产生非常规联系），三是在对话或细节中植入价值观冲突伏笔（如生存需求与道德准则的碰撞）。

接下来，是情节冲突上，该故事外部设置可见的任务阻碍，内部设计持续升级的心理困境。通过"触发—抵抗—溃败"节奏交替作用，每次冲突爆发时，都写了推进外部事件与内部认知的裂变。

这篇知乎盐选故事能成为爆款，主要得益于以下几个核心要素的精心设计：

一、反转设计很绝妙，作者很会做信息差管理：提前用3—5个情节节点埋设反向线索（如反常态度/物品错位）将其伪装成环境描写或常规动作。核心反转点应由三个矛盾证据链同时引爆（如物证出现+逻辑悖论+第三方介入），形成了立体颠覆效果。

二、故事的文笔维持了"高密度叙事节奏"。动词选择优先能制造空间联觉的词汇（如"撕扯"替代"破坏"，"蚕食"替代"减少"），形容词仅允许使用可量化的物理描述（如"三厘米的裂痕"而非"巨大的伤口"）。

注：版面受限，截图仅展示部分深度思考与部分回答。

2. 创作故事大纲

有了选定的故事做参考，我们需要指定一个故事主题（当然也可以让AI自由发挥），从匹配知乎盐选故事特点的角度，让DeepSeek生成故事大纲。

提示词参考如下：

请参考如上爆款盐选故事的爆款元素和写作风格，以"一个破产富二代的逆袭"为主题，创作一个符合盐选故事调性的故事大纲。仅需要写出核心故事梗概和主线即可。

将提示词输入DeepSeek对话框，得到以下结果。

示例结果

已深度思考（用时 23 秒）

好的，用户让我参考之前分析的爆款盐选故事的元素和写作风格，以"一个破产富二代的逆袭"为主题，创作一个符合盐选调性的大纲，只需要核心故事梗概和主线。

我需要回顾之前的分析，确保新故事能涵盖悬念钩子、冲突设计、反转和文笔风格等要素。用户之前提供的例子中，多重悬念叠加、社会议题融入、影视化叙事手法是关键。所以，我需要为破产富二代的故事设计类似的元素。主题是逆袭，所以主角需要经历低谷后崛起，但如何加入盐选喜欢的狗血和反转呢？

开篇需要一个强悬念。比如，主角在落魄时遇到前女友，但前女友现在和害他破产的人有关联。或者，主角发现破产背后有阴谋，比如父亲被谋杀，而自己被迫背锅。这样可以设置身份反转和复仇线。

冲突设计方面，需要生理、情感、社会多层冲突。生理上，主角可能面临生存危机，比如受伤或疾病；情感上，可能有背叛、旧爱新欢；社会层面，涉及商战、家族秘密等。可以参考原例中的三层冲突交织。

《资本游戏》故事大纲

核心钩子：

家族破产当晚，林旭在父亲书房发现带血的瑞士军刀，刀柄刻着竞争对手公司的图腾，而父亲手机上却收到跨国账户的入账通知。

主线架构：逆袭暗线

> 1. 云端坠落（1—5章）
>
> ● 直播拍卖会上，昔年挥金如土的林少典当最后一块名表，镜头却拍到竞拍者中有他失踪三年的前女友沈乔。
>
> ● 深夜接到神秘邮件：父亲跳楼前的监控视频存在15秒空白。

注：版面受限，截图仅展示部分深度思考与部分回答。

如果对故事大纲内容不满意，可以让DeepSeek重新生成，或者基于某个部分做优化修正。在重复多轮追问与调教之后，生成你满意的结果。

3. 创作故事细目

知乎盐选故事多以中短篇为主，字数通常在1万到3万字之间，为了更好地控制DeepSeek输出的文本质量及逻辑一致性，在正式创作之前，还应该额外增加一步：基于大纲生成细目。

提示词参考如下：

> 请参考如上故事大纲，生成相应的细目。要求写清楚所有相关的人物关系、悬念点、反转点和爽点。

将以上提示词输入DeepSeek对话框，得到以下结果。

示例结果

已深度思考（用时 21 秒）

好的，我现在需要帮用户生成一个细目，基于之前提供的"一个破产富二代的逆袭"故事大纲。用户希望细目里包含人物关系、悬念点、反转点和爽点。首先，我需要回顾之前的大纲，确保所有元素都涵盖。

用户之前的故事大纲有核心钩子、主线架构等五个部分，以及盐选核心元素和社会议题。细目需要更详细，分解每个章节的内容，同时明确人物之间的关系，各个悬念的设置，反转的点在哪里，还有让读者觉得爽的部分。

人物关系。原大纲里提到了林旭、林旭父亲林崇山、林旭前女友沈乔、宋小姐、苏玥、华尔街巨鳄。需要明确他们之间的关系，可能存在的隐藏联系，比如沈乔与林父的合作协议，苏玥的烧伤与旧案的关联，克隆体设定等。要确保人物关系错综复杂，有多个层次的秘密。

章节悬念与反转矩阵

第一阶段：云端坠落（1—5 章）

● 悬念点

1. 拍卖直播镜头里沈乔戴着林母生前独有设计的荆棘玫瑰胸针
2. 父亲书房保险柜里的储存标签
3. 匿名短信发来的空白监控时段内，有婴儿啼哭声

> 注：版面受限，截图仅展示部分深度思考与部分回答。

同样，如果对细目内容不满意，可以让 DeepSeek 重新生成，或者基于某个部分做优化修正，直到生成你满意的结果。

4. 逐项填充情节/细节

现在有了细目，即有了完整而详细的故事框架。接下来，就是按照模块填充故事内容。请注意，DeepSeek 单次输出的字符数量是有限的，为了确保质量，建议每次让它输出的篇幅不高于 3000 字。

另外，知乎盐选故事通常依托于一个真实的提问场景，为了匹配用户和平台喜好，我们也需要设置一个类似的问题，以提升用户点击率。

提示词参考如下：

> 请基于上述细节，先完成"第一阶段：云端坠落"的故事创作。一定要有正宗的知乎体的味道，标题改为一个真实提问场景，如"一个人跌到谷底后，要怎样才能触底反弹？"采用第一人称写作，以"我的父亲死了，但我好像并不难过"来开头。请特别注意 3 个原则：故事篇幅要短，必须以最快的速度吸引住读者的眼球；叙事方式要直，以主角和主线为绝对主导；调动情绪要快，三句话就要把读者代入到故事情绪当中。2500 字左右。

将以上提示词输入 DeepSeek 对话框，得到以下结果：

示例结果

已深度思考（用时 19 秒）

好的，我现在需要帮用户完成一个知乎体故事的创作，具体是第一阶段的"云端坠落"。用户已经提供了详细的大纲和细目，还有具体的要求，比如标题改为真实的提问场景，开头用特定的句子，要符合知乎体的风格，并且要快速吸引读者。

首先，我需要理解用户的需求。他们希望故事紧凑，迅速抓住读者眼球，叙事直接，以主角和主线为主导，情绪调动要快。标题需要像一个真实的提问，比如"一个人跌到谷底后，要怎样才能触底反弹？"采用第一人称写作，以"我的父亲死了，但我好像并不难过"来引出故事。

其次，我要回顾用户提供的细目，特别是第一阶段的悬念点和反转点。拍卖直播中出现的沈乔，父亲书房的血迹和瑞士军刀，匿名短信里监控拍下的婴儿啼哭声，这些都是关键元素。需要确保这些元素在故事中合理呈现，同时保持节奏紧凑。

一个人跌到谷底后，要怎样才能触底反弹？

我的父亲死了，但我好像并不难过。

当警察让我去认领尸体时，我甚至盯着他左手小指缺失的断面多看了三秒——这确实是林崇山，那个上个月还说要带我收购瑞士银行的商界暴君。

"林先生，节哀。"拍卖行的陈经理在电话里咳了一声，"您父亲抵押的百达翡丽6104G，现在起拍价只能定到两百万。"

注：版面受限，截图仅展示部分深度思考与部分回答。

5. 整合优化

接下来，如法炮制，让 DeepSeek 逐项写出其他各阶段的故事情节即可。

当所有模块都创作完成后，我们将其复制到同一个文档中稍作调整，便得到了一篇高质量的知乎盐选故事。

写好知乎盐选故事，有不少变现路径，不管是新媒体创作新手还是高手，都能找到合适自己的方式：

① 会员阅读分成

盐选故事被纳入会员内容库后，盐选会员的阅读点击量会为作者带来收益，平台与作者按五五比例分成。

② 单篇付费订阅

用户单独购买精选专栏或单篇故事时，作者可获得订阅费分成。

③ 版权交易收入

头部作品有机会被开发成影视剧、有声书或出版实体书，产生版权收益。

④ 平台推广资源

优质作品可获得知乎站内流量扶持及站外KOL推广，进一步扩大收益。

第 4 节
职场扎心视频玩法：
视频真实又扎心，流量呼呼跑起来

前两年，一些反映打工人职场经历的视频获得了不错的流量。这类视频往往通过展现职场中的扎心场景，引发观众的共鸣。比如，当视频里的老板大喊"公司就是你的家"这样的言论时，许多观众会联想到自己天天加班错过末班车的经历。这种贴近生活的真实感，让观众大呼"懂我"，在评论区留下高赞评论："你就差直接报我身份证号了呗。"

但是近一两年，同样的视频大家看得多了，也都倦了。于是，有人反其道而行，尝试制作反映职场打工人情绪体验的吐槽视频。同样是职场类，同样有老板，有职场打工人，但设定却是狠狠"吐槽"老板，靠着"疯狂输出"这一个小妙招赚到流量赚到钱。

这类视频通常呈现这样的场景：当职场中出现令员工感到不满的情况时，他们会直接表达自己的情绪，不再掩饰内心的不悦。有话当场说，有"仇"当场报。

这种直白且富有个性化的表达，观众往往能在其中看到自己的影子，在弹幕里齐刷刷地刷"世另我"（你是这个世界里另一个我），视频传递出一种"原来不止我一个"的共鸣感，比喝冰可乐打嗝还痛快。而且，用户们不仅是自己看，还喜欢第一时间分享给周围的朋友一起吐槽、一起乐呵，转发率奇高，流量呼呼跑起来，收益也咣咣涨上去。

借助 DeepSeek，每一个普通职场人都可以轻松创造出类似的内容，再结合 AI 绘图、视频工具，做出专属于自己的"职场吐槽"小爆款视频。

在研究了市面上大量类似视频，并带着学员一起实操后，我们发现：职场吐槽视频的文案，用歌词呈现效果最好。如果不写歌词，做口播视频需要很强的表达力与表现力；做剧情视频的话，成本又太高。

对于普通人来说，尤其是没有团队的新媒体创作新人，创作吐槽歌词是最佳方案。歌词朗朗上口，容易深入人心，进行快速传播，从而获得更高的流量。现在有了 AI 的辅助，创作变得更加快捷和轻松，一个人一部手机也能干出大流量与高收益。

使用 AI 创作打工人吐槽职场视频有 6 个步骤：**创作吐槽歌词、给歌词谱曲、撰写分镜提示词、生成分镜画面、基于画面生成视频、后期剪辑成片。**

本节用到的 AI 工具：DeepSeek、Suno、即梦。

注：后期剪辑软件，本书以剪映为例。但由于本书侧重 AI 工具的使用，后期剪辑技术部分不做展开论述。

1. 创作吐槽歌词

首先，让 DeepSeek 给出几个容易引发打工人共鸣的职场吐槽场景。

提示词参考如下：

你是一个资深职场打工人，熟悉职场的各种规则和潜规则。现在我需要你列出 10 个最容易引发打工人吐槽和共鸣的典型场景，比如：好不容易熬到周五，临下班，领导突然安排新的工作任务，要求周六就交。

打开 DeepSeek，将以上提示词输入对话框。（见图 4-1）

> 你是一个资深职场打工人，非常熟悉职场的各种规则和潜规则。现在我需要你列出10个最容易引发打工人吐槽和共鸣的典型场景，比如：好不容易熬到周五临下班，领导突然安排新的工作任务要求周六就交。
>
> DeepSeek ∨   ⊕ 深度思考(R1)   ⊕ 联网搜索

图 4-1

经过深度思考，DeepSeek 给出答案。

示例结果

已深度思考（用时 14 秒）

用户让我列出10个最容易引发打工人吐槽和共鸣的典型职场场景。首先，我需要回想自己作为打工人的经历，或者身边同事常抱怨的事情。比如，用户给的例子是周五临下班领导突然安排任务，这确实很常见，大家应该都有类似的经历。

其次，我要考虑其他常见的情况。可能包括加班文化，比如996或者无偿加班。还有绩效评估不公平，领导偏心，或者同事推卸责任的情况。另外，开会时间长却没有结果，也是一个痛点。

然后，办公室政治可能也是一个点，比如站队问题或者人际关系复杂。还有那种突然的紧急任务，打乱原有的计划，让人不得不熬夜加班。另外，可能还有公司福利缩水，比如取消下午茶或者团建经费减少，员工会感到不满。

以下是10个极易引发打工人共鸣的典型职场场景，每个场景都曾在各大社交平台引发过集体吐槽：

1. 深夜夺命连环 call

深夜 12 点收到领导语音："这个方案我有了新想法，你明早 8 点前调整好发我"（附带 60 秒长语音）。

2. 薛定谔的休息日

团建安排在周末，还美其名曰"增进感情"，强制参加。

3. 职场魔术表演

领导会上宣布"我们是个大家庭"，转身就砍掉下午茶福利，限量供应打印机纸。

> 注：版面受限，截图仅展示部分深度思考与部分回答。

吐槽场景列出来后，挑选其中一个，让 DeepSeek 以其为主题，创作歌词。这里我们以场景"老板在厕所装信号屏蔽器"为例。

提示词参考如下：

> 你是一个卓越的作词人，现在请围绕场景"厕所装信号屏蔽器，工位装监控探头"为主题，创作一首歌词。要求歌词朗朗上口、辛辣犀利，同时又饱含打工人的自嘲与无奈。

将以上提示词输入 DeepSeek 对话框，得到如下回复。

示例结果

已深度思考（用时 17 秒）

好的，用户让我围绕第 5 个场景"厕所装信号屏蔽器，工位装监控探头"创作一首歌词，要求朗朗上口、辛辣犀利，同时带有自嘲和无奈。

首先，我需要理解这个场景的核心矛盾：公司对员工隐私的过度监控和控制，导致打工人的压抑和不满。

其次，我得考虑如何用歌词表达这种情绪。辛辣犀利的部分可能需要使用比喻或讽刺的词，比如"信号屏蔽器"可以比作"笼中鸟"，监控探头则是"电子眼"。自嘲和无奈的部分则需要从打工人的角度，表现出他们在这种环境下的无力感和自我解嘲。

然后，结构方面，通常歌词有主歌、副歌、桥段等。主歌部分需要描述场景，副歌要突出主题和情感。考虑到朗朗上口，押韵和节奏感很重要。可能采用 AABB 的押韵方式，或者 ABAB，确保每句结尾押韵，容易记忆。

《电子狱卒观测报告》——献给第 5 条生存法则的安魂曲（主歌 1）

Wi-Fi 信号在蹲位间窒息
监控红点是老板的胎记
摸鱼要计算抛物线轨迹
连呼吸都标好了分贝仪

注：版面受限，截图仅展示部分深度思考与部分回答。

2. 给歌词谱曲

歌词有了，接下来我们就可以用 AI 作曲工具为其谱曲了，此处以 Suno 为例。

打开 Suno 主页，登录后点"Create（创建）"，打开"Custom（自定义）"，将刚才 DeepSeek 生成的歌词复制粘贴到"Lyrics（歌词）"区域，在"Style of Music（音乐风格）"里填入你想要的风格。作为示例，我们这里填入 rap, hip hop, rock，然后点击最下方的红色 Create 按钮即可。（见图 4-2）

等待十几秒后，Suno 会匹配歌词与曲风要求，同时生成两首歌曲，选择更喜欢的一首下载备用。若都不满意，也可要求 Suno 重新生成。（见图 4-3）

无法使用 Suno 的读者，可以使用天谱乐 AI 做平替。使用方法基本相似，此处就不再赘述。

图 4-2

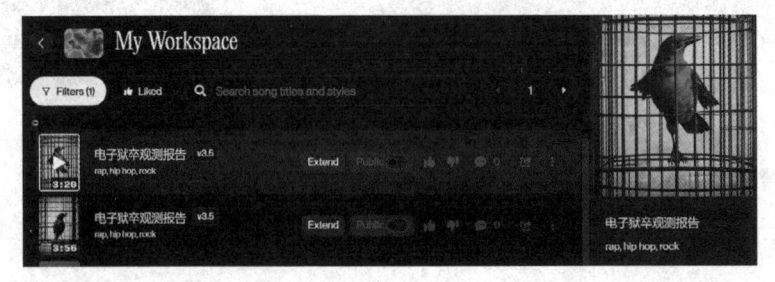

图 4-3

3. 撰写分镜提示词

接下来，我们让 DeepSeek 匹配歌词内容，生成对应的分镜画面提示词。为了规避直接批评企业的风险，同时降低观众的心理防御，此处我们将主角设置为动物，并做拟人化设计，将打工人自嘲的"牛马"具象化为牛头人、马头人。

提示词参考如下：

> 我要做一个职场吐槽 MV，请帮我基于上述歌词，生成对应的提示词。要求：场景尽量简单明了，所有出现的人物都采用拟人化的牛或者马来呈现，即牛头人、马头人，风格都统一为手绘插画，背景都是办公室场景。

将以上提示词输入 DeepSeek 对话框，得到如下回复。

示例结果

已深度思考（用时 20 秒）

嗯，用户想做一个职场吐槽的 MV，基于之前我帮他写的歌词，现在需要生成对应的提示词。首先，我需要理解他的具体要求。他希望场景简单明了，所有人物都拟人化成牛或马，也就是牛头人和马头人，风格统一为手绘插画，背景都是办公室场景。

首先，我要回顾之前的歌词内容，确保每个场景都能对应到歌词的不同部分。比如主歌1提到的厕所信号屏蔽和监控探头，这里需要设计牛头人在厕所隔间里看手机没信号，同时监控探头有红点。这时候要注意手绘风格，颜色可能需要压抑的蓝灰色，增加蒸汽波效果突出荒诞感。

……

分镜提示词集（每条含完整后缀）

1. 主歌 1- 厕所窒息

"牛头人蜷缩在狭窄厕所隔间，头顶红色监控探头，手机显示无信号，马桶变成迷你办公桌，手绘插画风格，灰蓝主色调，隔间贴满禁止手机图标，牛角绑着工牌" --colors #4A707A #FF6B6B #2F3B4C

2. 主歌 1- 呼吸监控

"马头人戴着分贝监测项圈，对着空气收集器做深呼吸，工位贴着音量分级表，手绘插画风格，背景藏青色数据墙，马尾扎着黑色领带" --colors #4A707A #FF6B6B #2F3B4C

注：版面受限，截图仅展示部分深度思考与部分回答。

4. 生成分镜画面

打开即梦 AI，复制上面 DeepSeek 生成的分镜提示词，就可让即梦生成对应的分镜图（见图 4-4）。

注意：模型选择"图片 2.1"，图片比例选择 3:4。

等待十几秒后，即梦生成了一组 4 张图片，可选择自己喜欢的。在这里，我们选择第四张图备用（见图 4-5）。

接下来，如法炮制：

○ 按序逐段复制分镜提示词进即梦（比如 1 号分镜、2 号分镜……）

○ 把每一段分镜提示词都复制进即梦，分别生成对应的画面，最后得到所有分镜图。

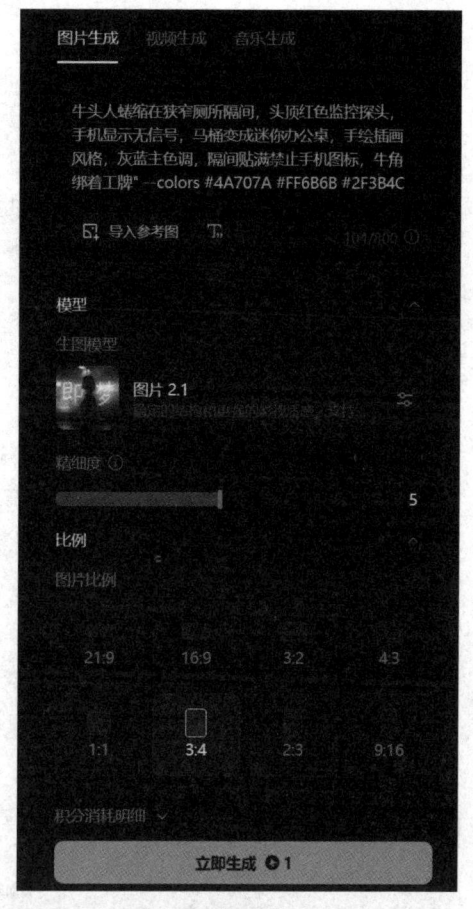

图 4-4

图 4-5

5. 基于分镜图生成视频

分镜图生成完毕，就要开始做分镜视频。这里，我们使用的是即梦的"图生视频"，有两个步骤。

步骤一：写视频生成的提示词。此处可以偷个懒，让 DeepSeek 继续帮忙做视频生成的提示词。

提示词参考如下：

> 我将使用即梦基于已经生成的分镜图片，生成对应的分镜视频。请你对应上述分镜画面提示词，帮我写出对应的视频生成提示词。请使用贴切的镜头语言，确保画面的冲击力。

将以上提示词输入 DeepSeek 对话框，得到以下结果。

示例结果

已深度思考（用时 14 秒）

好的，用户现在需要将之前生成的分镜图片转化为分镜视频，使用即梦 AI 工具。他们之前已经得到了针对即梦 AI 的详细绘图提示词，现在需要对应的视频生成提示词，强调镜头语言和画面冲击力。

首先，我需要回顾之前的对话历史，确保理解用户的具体需求。用户之前要求统一风格为手绘插画，牛头人和马头人作为角色，配色方案固定。现在他们希望每个分镜对应的视频提示词，要有贴切的镜头语言，确保冲击力。

用户可能希望视频在转场、镜头运动和节奏上与歌词内容匹配，同时保持视觉上的连贯性和戏剧性。需要考虑到每个分镜的画面元素，并转化为动态的镜头效果，比如推拉、旋转、特写等。

……

这是为每个分镜定制的视频生成提示词，强化镜头张力和情绪冲击：

分镜 1- 厕所窒息

超广角俯拍牛头人蜷缩在隔间，监控探头机械旋转发出滋滋电流声，镜头缓慢推进至手机无信号图标，突然警报红光扫过画面，背景音效：马桶冲水声混入键盘敲击声。

分镜 2- 呼吸监控

特写马头人项圈分贝表飙红，镜头急速拉远展现布满监测仪的办公室，呼吸声被放大处理，随着"嘀——"的警报声，画面突然倾斜45度。

注：版面受限，截图仅展示部分深度思考与部分回答。

步骤二：将视频提示词复制到即梦的视频生成界面，然后，选择之前选定备用的图片，再选择"图片生成视频"（见图4-6）。

注意：视频模型选择"视频S2.0"，时长默认5秒。

等待30秒左右，即梦就完成了视频生成（见图4-7），下载该视频。

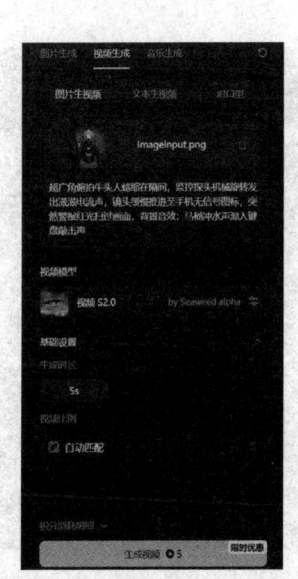

图4-6

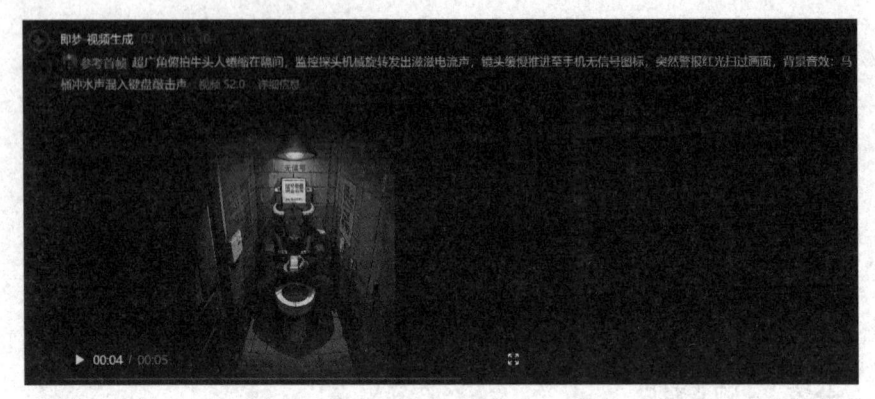

图 4-7

接着，如法炮制：

- 依次把视频提示词复制进即梦
- 选择之前选定的备用图
- 选择"图片生成视频"，在即梦中生成对应的分镜视频
- 重复上述操作，得到所有分镜视频

6. 后期剪辑成片

将所有分镜视频导入剪映，按照顺序排列好，添加相应的字幕、特效、音效，再把之前用Suno生成的歌曲导入，制作好后导出，就完成了一条完整的打工人吐槽职场短视频。（见图4-8）

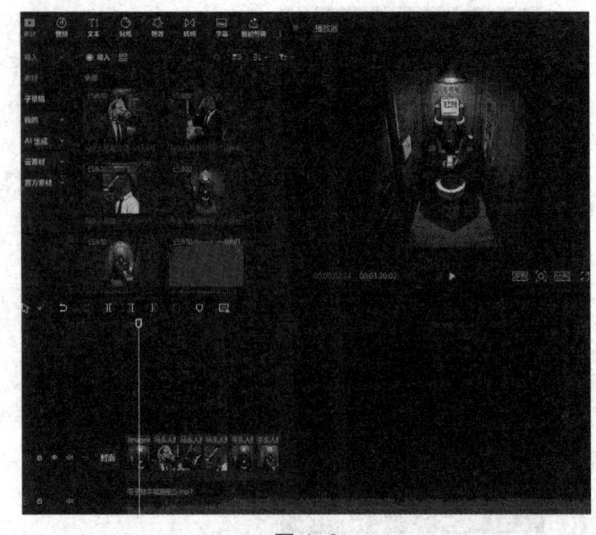

图 4-8

用 AI 制作职场吐槽类视频，主要的变现方式是平台流量分成。将成品视频发布到抖音、视频号、快手、西瓜视频等主流视频平台后，只要有点击量和播放量，就能赚取相应的流量收益。

除此之外，随着粉丝数量的持续增长和流量的稳定，品牌方会主动接洽合作，你就可以通过接广告来变现了。本书作者之一的焱公子在转型做自媒体时选择的就是职场赛道，2008 年他在公众号发布的第一篇职场文章就突破了 10 万+的阅读量，第二天便有广告主上门洽谈投放，单条广告报价达到 6000 元。因此，除了上述视频平台，你也可以把视频发到自己的公众号，积累一定粉丝后，公众号同样也有流量收益和广告主合作机会。

另外，职场赛道也非常适合挂车，卖一些职场课程、技能培训课程或者办公用品等，可以选择分佣比例高、口碑好的课程或商品挂车，额外赚取佣金收益。

第 5 节
古人换脸视频玩法：
克隆权威媒体爆款，小白接商单日赚 800 元+

2025 年 2 月 18 日，中国新闻网在其视频号上转发了一条用 AI "复活古人"的视频，并配文："这就是 AI 的意义，那些课本上的人物'复活了'，孔子出现的一幕 DNA 动了。"视频一发出，瞬间就突破了 10 万+点赞和转发。（见图 5-1）

图 5-1

5天后,《人民日报》也转发了类似的视频,同样很快获得了双10万+的超高数据。(见图5-2)

图 5-2

这样的视频为什么容易爆火,连官媒都忍不住转发?主要有 3 大核心逻辑。

一是新奇技术。课本里的苍白画像突然"活"过来,放在以前一定是不可想象的事情。年轻人爱追"黑科技",中老年觉得"老祖宗显灵",各个年龄段都能找到"嗨点"。

二是文化自信。上下五千年的悠久历史,是中华民族自信的根源。当我们看到孔子开口讲《论语》,李白斗酒诗百篇,一定会油然而生一种自豪感。就像一位网友说的:"这才是文化自信的正确打开方式。"

三是圆梦之旅。谁没幻想过穿越回古代,和自己喜欢的名人把酒言欢?这种跨越时空的互动,既满足了猎奇心,又让人油然而生一种"和历史谈恋爱"的浪漫感。

事实上，借助 AI，这类视频非常容易制作。接下来，我们一步步演示具体做法，包你 3 分钟就能学会。

使用 AI 制作"复活古人"视频，主要分为 4 步：**上网找一张你想"复活"的古人画像、将画像转换为真人图像、基于图像生成视频、后期剪辑成片。**

本节用到的 AI 工具：即梦、可灵、DeepSeek。

1. 上网找一张你想"复活"的古人画像

本节以诗圣杜甫为例，在网上找到了下面这张画像。（见图 5-3）

图 5-3

2. 将画像转换为真人图像

接下来，打开即梦，选择图片生成，点击导入参考图，上传准备的名人图，选择"边缘轮廓"，保存。

注意：这是最为关键的一步，必须选择"边缘轮廓"，才能确保生成的真人图和名人画像的人像姿势形态完全重合。（见图5-4）

然后在图片生成对话框中输入提示词：写实风格，真实摄影，杜甫。

图片模型选择2.0，精细度拉到10，点击立即生成。（见图5-5）

图 5-4

等待十几秒后，即梦生成了一组4张图片，可选择自己喜欢的。在这里，我们选择第一张图备用。（见图5-6）

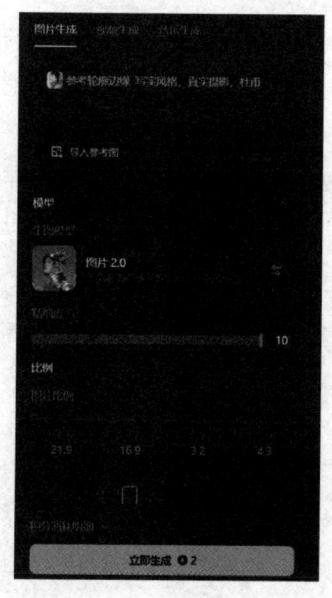

图 5-5

图 5-6

3. 基于图像生成视频

图像有了，现在要完成古人画像到真人图像的过渡，就需要用到可灵 AI 的"首尾帧功能"。

所谓首尾帧，即把**第一张图片（古人画像）**作为生成视频的**第一帧画面**，把**第二张图片（真人画像）**作为生成视频的**最后一帧画面**，中间则由 AI 算法自行完成填充。

打开可灵，选择 1.6 模型—图生视频—首尾帧。首帧图（第一帧画面）上传"古人画像"，尾帧图（最后一帧画面）上传刚才即梦生成的"真人画像"。（见图 5-7）

图片创意描述可以简单写"人物自然过渡，展示变化过程"，当然如果想要效果更佳，也可以召唤 DeepSeek，请它帮忙写一条更丰富的内容。这里我们

图 5-7

演示后者。

提示词参考如下：

我正在使用可灵 AI 首尾帧功能制作"复活古人"视频，即参考古人的画像生成真人图像，同时用首尾帧功能实现画像到真人的转变。现在制作的是杜甫。请你帮我写出过渡提示词，确保生成的效果非常惊艳，又能贴切地展现出杜甫忧国忧民的气质。

将以上提示词输入 DeepSeek 对话框，得到如下回复。

示例结果

已深度思考（用时 11 秒）

好的，用户让我帮忙写过渡提示词，用于制作"复活古人"视频，使用首尾帧功能实现画像到真人的转变。需要确保效果惊艳且贴切展现杜甫忧国忧民的气质。

首先，我需要理解用户的需求。他们正在用可灵 AI 的首尾帧功能，也就是起始帧和结束帧分别设定，中间过渡自动生成。用户希望从古人的画像过渡到真人形象，同时保持杜甫的气质。关键点在于过渡自然，视觉效果惊艳，还要突出杜甫忧国忧民的特质。

接下来，我得考虑杜甫的形象特点。杜甫作为唐代诗人，通常画像中他可能穿着唐代服饰，面容沧桑，表情严肃，背景可能有自然景色或战乱场景。忧国忧民的气质需要通过表情、动作和周围环境来体现。

过渡提示词：

从简笔画到超写实的渐变，线条逐渐转化为皮肤纹理，黑白灰底色过渡为战火熏染的深褐色调。重点表现：1. 头巾从平面色块变为粗麻材质；2. 白须由单线条生长为立体须丛；3. 背景从纯灰显露出残破城墙剪影；4. 眼睛部位保持简笔轮廓直至最后 0.5 秒突然浮现血丝与泪光。整体时长 3 秒，在第 2 秒加入飘雪粒子效果，渐变曲线先缓后急。

注：版面受限，截图仅展示部分深度思考与部分回答。

将以上 DeepSeek 给出的提示词复制进可灵图片创意描述区域，点击立即生成。（见图 5-8）

等待 5 分钟左右，即获得了古人画像变为真人的视频，下载视频备用。（见图 5-9）

如果你希望视频能更加富于变化，可以基于真人画像，通过图生视频的方式再生成一条视频，将其和前面的变化视频拼接起来。此处，依然召唤 DeepSeek 来帮忙完成提示词的撰写。

打开 DeepSeek，上传之前生成好的杜甫真人图片，并在对话框输入参考提示词。

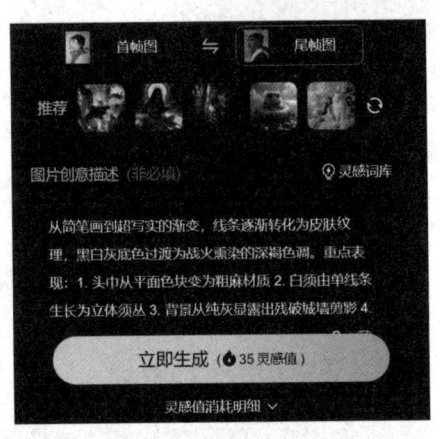

图 5-8

图 5-9

提示词参考如下：

> 我现在上传给你的是杜甫的图片，请你基于这张图片，帮我撰写图生视频的提示词。请注意，要充分结合杜甫的特质，他的神情变化和动作都要体现出他忧国忧民的气质。

DeepSeek 短暂思考后，给出如下回复。

示例结果

已深度思考（用时18秒）

嗯，用户让我根据上传的杜甫图片撰写图生视频的提示词。首先，我需要仔细分析用户提供的图片描述。图片里的杜甫是年长男性，古代文人气质，黑色头巾，花白胡须，眼神深邃，背景简洁，色调偏暗，突出他的忧国忧民之情。用户强调要结合杜甫的特质，神情变化和动作都要体现他的气质。

首先，我得确定用户的需求。他们想要一个视频提示词，可能用于AI生成视频，所以需要详细描述场景、动作、光影等元素。用户可能希望视频能动态展现杜甫的忧国忧民，比如通过环境变化、表情动作来传达情感。

……

过渡提示词：

特写杜甫布满皱纹的侧脸，花白胡须随头部微颤，凹陷的眼眶中瞳孔缓慢收缩——从浑浊的迷茫渐变为诗性锐光。下眼睑肌肉抽动三次，干裂嘴唇无声开合，握笔的右手青筋随太阳穴同步搏动。镜头绕头180度时脖颈渐挺直，飘落的发丝在鼻尖定格，最终凝成眼眶里将坠未坠的泪光。

注：版面受限，截图仅展示部分深度思考与部分回答。

将以上 DeepSeek 给出的提示词复制进可灵图片创意描述区域，点击立即生成。（见图 5-10）

等待 5 分钟左右，即获得了古人画像变为真人的视频，下载视频备用。（见图 5-11）

图 5-10

图 5-11

4. 后期剪辑成片

将两段视频导入剪映，按照顺序排列好，添加相应的字幕、特效、音效，制作好后导出，就完成了一条"复活古人"的短视频制作。（见图 5-12）

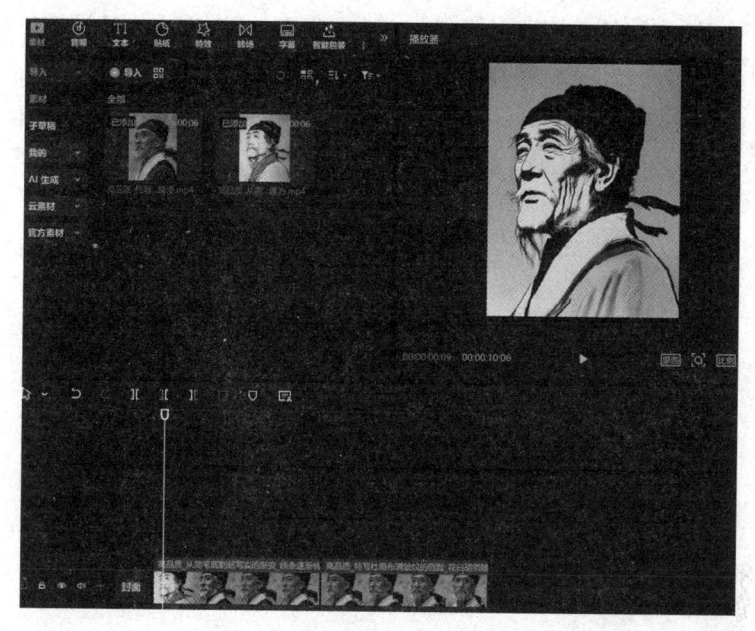

图 5-12

如法炮制，就能够"复活"任何你喜欢的古人。

用 AI 制作"复活古人"类视频，主要变现方式是流量变现。你可以将成品视频发布到抖音、视频号、快手、西瓜视频等主流视频平台，赚取流量收益。

注：因本书侧重在 AI 工具的使用，如何使用剪映完成后期制作的细节，此处不再展开。

同时，我们发现，常有粉丝来咨询制作方法。此时，你既可以考虑接单代客制作，也可以尝试推出 AI 制作教学课程或建立 AI 学习社群。

甚至，你如果不想做自媒体号，不想在任何公域平台频繁曝光，也可以只在自己的朋友圈分享。只要有人来咨询，就能按小时收取咨询费。

例如，我们有一名学员最初仅在朋友圈分享视频，一开始只是做来好玩，发得多了，就有人在评论区留言"想学"。于是，他开始提供视频制作咨询，单价并不高，定在 150 元 / 小时。因为他有耐心、教学好、有效果，咨询的人逐渐多了起来。后来，一对一咨询实在是忙不过来了，他就把咨询者所提的问题和自己的回复逐一梳理、总结、归纳，开了一门"AI 制作小视频"的课程，售价依旧不高，39.9 元 / 人，但依然在一个月内变现了四位数。

第 6 节
萌系视频玩法：萌宠 + 萌娃批量生产，单账号月入 3w 的底层心法

在当下流行的短视频类目中，"萌系"内容可谓是流量天花板。萌娃和萌宠天然具备治愈感、亲和力，能触发观众的积极情绪（如母爱、童趣、陪伴需求），尤其吸引退休长辈、备孕妈妈、宠物爱好者等群体。例如，"萌娃喊奶奶"类视频通过模拟亲情互动，精准切中老年用户对孙辈的期待；萌宠做饭、出门打工等拟人化场景，则满足了年轻人"云养宠"的需求。

如果你能将"萌娃 + 萌宠"同框推出，那肯定是一对王炸组合。随便刷刷视频号，你会发现这类视频点赞量、转发量双 10 万 + 的，比比皆是。（见图 6-1）

可爱宝贝和他的萌宠，怎么可以都这么萌呢#猫咪#萌宠#萌娃#治愈

图 6-1

要想依靠这类内容赚钱,我们就要深入了解其底层逻辑:它为什么容易爆火?只有拆解出爆火、受用户欢迎的点,我们才能有的放矢,精准切中用户"嗨点",得到点赞、转发和流量收益。

其实,爆火原因非常简单:萌娃的纯真表情和萌宠的可爱行为能促使多巴胺分泌,带来情绪抚慰和减压效果,为受众带来一场舒适的心理按摩,尤其适配现代快节奏生活下的用户需求。

故此,我们在制作视频时,就要尤其注重生成萌娃的小表情、萌宠的可爱行为。因为 AI 出图很多时候并不会一次就能切中我们的需求,往往要多轮互动、多次调教。所以,只有在心里有明确的目标,知道要注重生成哪些方面,才能更好地对图片做出甄别与筛选。

接下来,就给大家分享制作步骤,非常简单,仅需要三步:**生成"萌娃+萌宠"图片、基于图片生成视频、后期剪辑成片。**

本节用到的 AI 工具:DeepSeek、即梦。

1. 生成"萌娃+萌宠"图片

这里需要用即梦生成图片。为了追求高效与精准,我们就不自己写即梦的提示词了。依旧使用"偷懒"做法——召唤 DeepSeek 来帮忙撰写。

提示词参考如下:

我想用即梦画出萌娃和萌宠在一起玩的图片,场景是胖胖的小萌娃和一只大橘猫一起躲在被窝下面看手机,小萌娃手里拿着手机。请帮我丰富该提示词,确保画面细腻、温馨、治愈,我要写实风格。

将以上提示词输入 DeepSeek 对话框，得到如下回复。

示例结果

已深度思考（用时 15 秒）

嗯，用户想用即梦 AI 生成具体的图片，场景是胖胖的小萌娃和大橘猫躲在被窝里看手机，需要写实风格，画面细腻、温馨、治愈。首先，我需要理解他的需求，确保提示词足够详细，能够准确传达他想要的场景。

……

以下是针对你需求的优化版即梦 AI 提示词（中英双语），包含细节强化和画面氛围引导，确保生成高精度写实风格作品：

中文提示词（推荐直接使用）

场景设定：

冬夜温暖的儿童房，淡黄色小夜灯透过白色蕾丝灯罩洒下暖光，印有星星月亮的浅蓝色蓬松羽绒被下，蜷缩着两个毛茸茸的脑袋。3 岁圆脸小萌娃（肉嘟嘟脸颊泛红，穿米色小熊连体睡衣）和胖乎乎的橘色虎斑猫（毛发蓬松泛金光，爪垫粉嫩），正躺在被窝里偷偷看手机。

注：版面受限，截图仅展示部分深度思考与部分回答。

注意：模型选择"图片 2.1"，图片比例选择 3:4。

将 DeepSeek 给出的提示词复制进即梦的图片生成对话框，点击立即生成。（见图 6-2）

等待十几秒后,即梦就会生成一组4张图片,可选择自己喜欢的。注意我们前面说的要求:选择那些尽可能多地展示萌娃小表情、萌宠可爱行为的图。这里,我们选择第三张图备用(见图6-3)。

2. 基于图片生成视频

图片有了,继续让DeepSeek帮忙生成视频提示词。

提示词参考如下:

我现在需要用即梦制作图生视频。请基于我上传的这张图片,帮我撰写相应的视频提示词。我想要的画面是萌娃和橘猫一起看着手机大笑,非常治愈的样子。

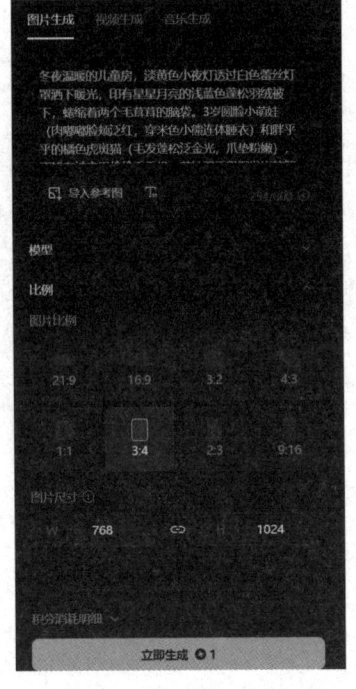

图6-2

图6-3

将以上提示词输入 DeepSeek 对话框,并把刚才备用的第三张图片上传,得到如下回复。

示例结果

已深度思考(用时 17 秒)

好的,用户现在需要基于之前上传的图片,用即梦制作图生视频。他们之前已经生成了一张萌娃和橘猫一起看手机的图片,现在想把这个静态图片转化为动态视频,要求展现他们开心的样子。

……

以下是基于你上传图片优化的即梦 AI 图生视频提示词方案,通过动态元素强化治愈感与故事性,已适配即梦平台的视频生成特性:

视频核心提示词(中文版)

主场景动态化:

温暖治愈竖版视频,镜头从星空被子的褶皱缓缓上移,露出萌娃(肉嘟嘟圆脸扎双马尾)和橘猫(毛发蓬松尾巴卷曲)依偎在蓝色星星被窝里。萌娃突然指着手机屏幕咯咯笑出声,肉乎乎的小脚在被子里开心乱蹬,橘猫被笑声震动得耳朵抖动,伸出爪子轻轻拍打手机边缘,屏幕光芒在他们脸上跃动。背景毛绒玩具随笑声微微震颤,夜灯在镜头边缘产生温暖光晕。

注:版面受限,截图仅展示部分深度思考与部分回答。

将以上 DeepSeek 给出的提示词复制进即梦的图生视频对话框,点击

立即生成。（见图 6-4）

等待 30 秒左右，即梦就完成了视频生成（见图 6-5），下载该视频。

注意：模型选择"视频 S 2.0 Pro"，视频比例选择默认的自动匹配。

3. 后期剪辑成片

将视频导入剪映，添加一个萌娃大笑的音效和一段轻松活泼的音乐，制作好后导出，就完成了一条"萌娃+萌宠"的短视频制作。（见图 6-6）

如果觉得一条视频长度过短（5 秒），也可以依照上述步骤，多生成几条（注意：写提示词时，要写出表情和动作的区别）。再在剪映中，把几条视频拼接起来。

后面视频的制作过程，与

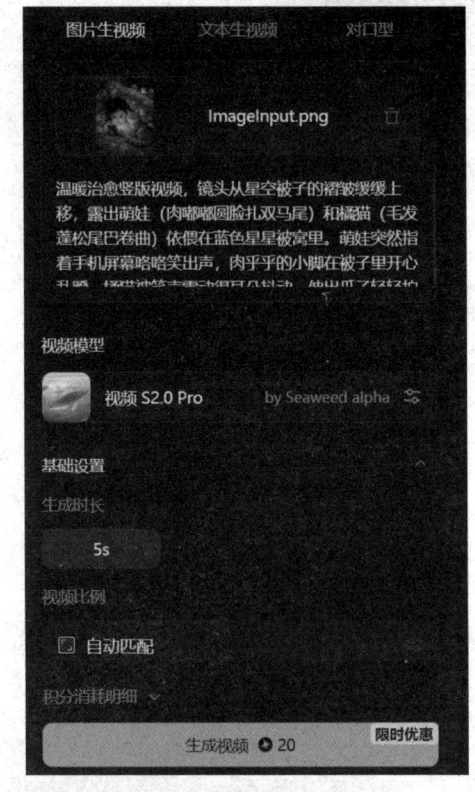

图 6-4

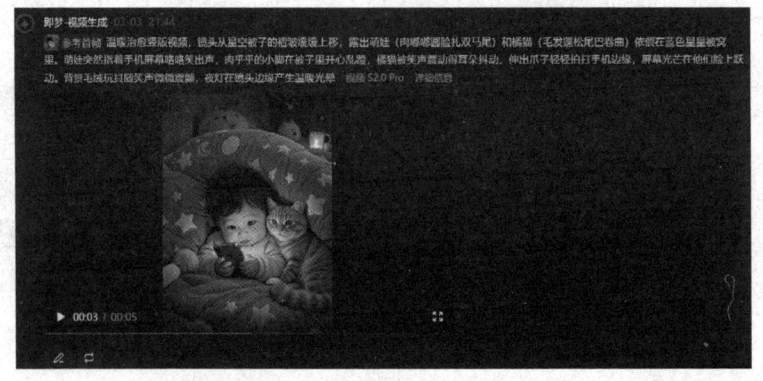

图 6-5

前述完全一致，此处不再赘述。

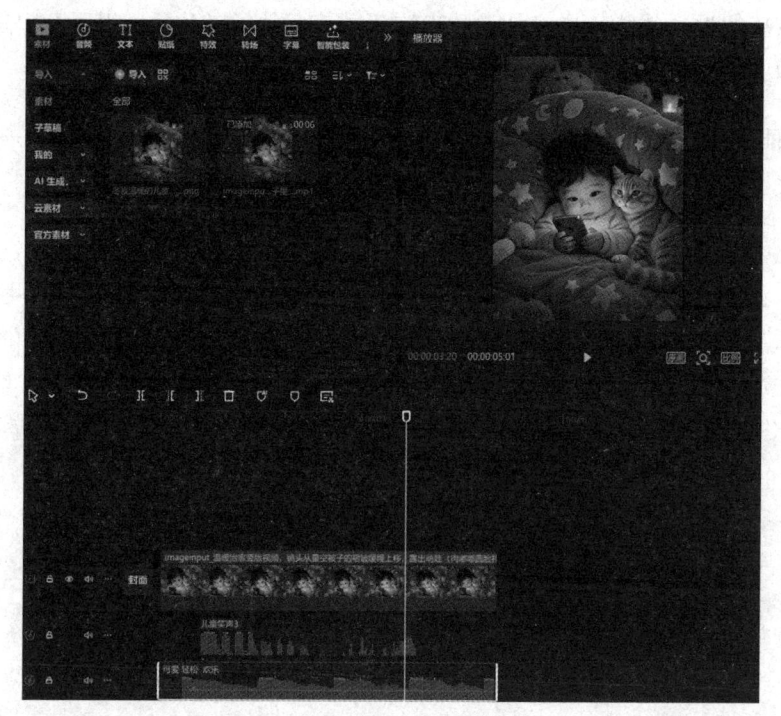

图 6-6

诸如此类的"萌系"AI 视频，首要变现方式是流量变现。此类内容特别容易形成爆款，如果播放量达到百万，分成收益可达数千元。

除了常规的平台流量分成变现，由于萌娃和萌宠的主要受众都是有高付费习惯的群体，可以同时尝试垂直品类带货，比如，在短视频挂车、开直播推广童装、宠物用品、母婴产品等，佣金率通常为 10%～30%。

我们有一名宝妈学员学会制作此类视频，连续爆了几条后就开始尝试电商带货，单是帮某商家卖一款单价 9.9 元的萌宠主题手机壳，就拿到了 4 位数佣金。还有一位男学员，孩子已经读大学，平时工作比较

注：因本书侧重 AI 工具的使用，如何使用剪映完成后期制作的细节，此处不再展开。

轻松，就在家和妻子一人一个账号做抖音橱窗带货的副业。之前他出货量很少，跟我们学习了制作"萌系"AI视频后，基本上一条几千播放量的视频就能出单。他说，有一天成交额为2600元，出了89单，佣金20%，赚了500多块钱。

可以说，学会了简单的"萌系"AI视频，是真正实现了"躺赚"——晚上睡着了，视频也在跑数据，有人下单，就能获得佣金。

除了上述的变现方式外，当你的账号粉丝持续增长、流量相对稳定后，就可以跟平台进行广告合作，甚至接定制广告了。比如小红书粉丝量达1000+后，就可接入小红书的蒲公英平台，单条广告报价为150~500元；如果接到母婴、宠物品牌的定制合作邀约，收益会更加不菲。

第 7 节
民间故事玩法：
DeepSeek 自动生成怪谈剧本，
每天白捡 3 位数

相较于专业类内容，民间故事因其**节奏快**、**沉浸感强**、**好理解**等特点，一直是各类主流短视频平台比较受用户欢迎的内容形式之一，也比较容易形成爆款。借助 DeepSeek 出色的故事创作能力，我们可以非常容易地创作出此类内容脚本，发布到抖音、快手、西瓜视频等平台赚取流量收益。尤其是在西瓜视频平台上，如果你做出的民间故事短视频爆了，收益很可观，可达到几百元甚至几千元。

现在有了 AI，普通人想要做出爆款民间故事短视频，仅需要简单 4 步：生成故事脚本、绘制分镜图、生成分镜视频、后期剪辑成片。

本节用到的 AI 工具：DeepSeek、即梦。

注：后期剪辑软件，本书以剪映为例。但由于本书侧重 AI 工具的使用，后期剪辑技术部分不做展开论述。

1. 生成故事脚本

抖音、快手等平台的爆款民间故事，主要具备以下特点：

① 悬疑猎奇属性较强

这类内容以乡村怪谈、灵异传说等题材为主，通过紧凑的情节设置（如"黄金三秒"原则）快速吸引注意力。从结构上看，常采用"穷小子遇仙""宝物争夺"等经典冲突桥段，以及"开头悬念+中段反转+结尾留白"这一结构，配合 AI 生成的阴森画面和音效，强化沉浸感。

② 轻量化与碎片化适配

单集时长普遍控制在 1~3 分钟，通过 AI 工具实现快速分镜，符合短视频平台的流量推荐机制。

③ 情感代偿与心理投射

此类民间故事多使用"善恶有报""逆袭翻身"等主题，精准击中现代人的情感需求。很多故事通过展现底层劳动者被神仙拯救的情节，引发观众对现实困境的情感共鸣。

提示词参考如下：

你是一名擅长创作民间故事的专家，基于抖音、快手等主流短视频平台的调性，结合"善恶有报""逆袭翻身"等主题，按照"黄金三秒悬念+中段反转+结尾留白"的结构，创作一篇 300 字左右的爆款故事。

打开 DeepSeek，将以上提示词输入对话框（见图 7-1），点击"深度思考（R1）"按钮后，我们就能看到 DeepSeek 模拟人类做的思索。从它的思索过程中，我们可以得到更多新的思考角度。

上篇　平台流量掘金篇

> 你是一名非常厉害的民间故事创作专家，现在我希望你基于抖音、快手等主流短视频平台调性，参考主流民间故事创作思路，围绕「善恶有报」「逆袭翻身」等主题，创作一篇爆款民间故事。请特别注意「黄金三秒」原则，以"开头悬念+中段反转+结尾留白"为结构，完成故事创作。300字左右。
>
> DeepSeek　深度思考(R1)　联网搜索

图 7-1

经过短暂思考后，DeepSeek 输出了一篇名为《蛇骨镯》的民间故事。

示例结果

已深度思考（用时 18 秒）

好的，用户让我基于抖音和快手等短视频平台的调性，围绕"善恶有报"和"逆袭翻身"的主题，创作一篇符合"黄金三秒"原则的民间故事，结构是开头悬念、中段反转、结尾留白。首先，我需要分析这些平台上的爆款故事有什么特点。

根据之前的搜索结果，抖音和快手的用户偏好不同，抖音更注重娱乐性和创意，节奏快，视觉冲击力强；而快手则更接地气，强调真实和互动。但两者都强调开头要吸引人，也就是"黄金三秒"原则。开头需要设置悬念，比如灵异事件或者突发危机，迅速抓住观众注意力。

接下来是主题，"善恶有报"和"逆袭翻身"都是经典主题，容易引发共鸣。需要设计一个主角经历困境，然后通过某种帮助（比如神秘人物或宝物）实现逆袭，最后坏人得到惩罚，好人获得好报。同时，中段要有反转，比如看似帮助的角色其实别有用心，或者宝物带来意想不到的后果，增加故事的曲折性。

结尾留白，可以设置开放式结局，让观众回味，比如主角的未来不确定，或者留下一些未解的谜团，促使观众评论互动。

● 《蛇骨镯》

(黄金三秒悬念)深夜，外卖员李响被三个黑影堵在烂尾楼，劫持者把匕首抵在他的脖颈间，厉声质问："直播卖惨骗捐款，钱呢？"在挣扎间，李响腕间的蛇骨镯突然渗出黑雾，为首的混混皮肤一寸寸溃烂。

(中段反转)三个月前，李响在工地上挖出了一个青铜匣子。他在直播时哭诉母亲重病，观众打赏暴涨，引起了包工头王强的注意。蛇骨镯显灵，帮助李响暴富，但也导致王强意外坠楼瘫痪。然而令人毛骨悚然的是，直播间打赏榜首"青娘子"的账号 IP 竟定位在城郊乱葬岗。

2. 绘制分镜图

有了以上故事脚本，我们就要做分镜画面了。这里有两个步骤：

步骤一：生成分镜脚本

提示词参考如下：

> 请将上文故事脚本转化为分镜表格，包含序号、景别、画面内容、镜头时长、镜头运动。

示例结果

已深度思考（用时 16 秒）

嗯，用户现在需要将之前提供的民间故事《蛇骨镯》转化为分镜脚本，以表格形式呈现，包括序号、景别、画面内容、镜头时长和镜头运动。首先，我得回顾一下用户提供的原始故事脚本，理解每个情节的关键点，然后根据短视频平台的调性和分镜脚本的要求来拆解。

首先，我需要分解《蛇骨镯》的故事段落，原始故事分为四个部分：黄金三秒悬念、中段反转、善恶有报、结尾留白。每个部分需要拆解成多个镜头，确保符合"黄金三秒"原则。

……

以下基于《蛇骨镯》故事核心冲突与短视频平台特性设计的分镜脚本，结合搜索结果中分镜设计要点，采用"黄金三秒 + 悬念递进"的镜头语言：

序号	景别	画面内容	镜头时长	镜头运动
1	广角仰拍	烂尾楼钢筋骨架在暴雨中扭曲如鬼手，闪电照亮墙上的「欠债还钱」红漆字	2秒	慢速横移
2	特写	匕首抵住李晓喉结，汗珠沿刃滑落	1.5秒	手持晃动
3	中景	三个身影围堵，手机屏显示「菁…」打赏记录	1秒	快速推近

注：版面受限，截图仅展示部分深度思考与部分回答。

步骤二：生成分镜提示词

假如你不擅长绘图，不太懂得给 AI 绘图写提示词，也可以继续让 DeepSeek 帮忙生成。

提示词参考如下:

我将使用即梦分别生成所有分镜画面,请你基于上述分镜脚本,按照序号,匹配即梦 AI 的绘图提示词格式要求,同时适配民间故事的画风调性,帮我写出对应的提示词。请注意所有画面的风格要保持一致。

示例结果

已深度思考(用时 18 秒)

好的,我现在需要帮用户将分镜脚本转化为即梦 AI 的绘图提示词。用户已经提供了详细的分镜表格,每个镜头有景别、画面内容、时长和镜头运动。我需要根据这些信息生成符合即梦 AI 格式的提示词,同时保持民间故事的画风。

首先,我需要回顾之前的分镜脚本,确保每个分镜的关键元素都被捕捉到。例如,第一个分镜是广角仰拍的烂尾楼暴雨场景,有闪电和红漆字。提示词需要包含环境、天气、光影效果,以及风格关键词,比如赛博朋克色调和皮影戏质感。

接下来,每个分镜的提示词结构可能需要包括主体描述、环境细节、色彩风格、构图和特效,用户提到适配民间故事调性,所以可能需要加入传统元素如水墨、工笔重彩,但同时结合现代感,比如霓虹灯或特殊效果。

基于即梦 AI 的"主体 + 环境 + 风格词"三要素格式,结合分镜表与民间故事视觉符号,输出适配绘图提示词(序号与分镜脚本严格对应):

1号分镜提示词

暴雨中的烂尾楼仰视视角，钢筋如巨型蜈蚣骨架（暴雨倾盆：1.3），闪电紫光打在墙面的血红色"欠债还钱"涂鸦（赛博朋克色调：1.2），背景加入若隐若现的皮影戏风格鬼手投影。

2号分镜提示词

匕首特写镜头，汗珠沿着脖颈流下，背景虚化的黑影手持利刃，色调模仿王家卫《堕落天使》的青绿色调。

注：版面受限，截图仅展示部分深度思考与部分回答。

步骤三：用即梦生成分镜图

打开即梦 AI，复制上面 DeepSeek 生成的分镜提示词，就可让即梦生成对应的分镜图。

注意：模型选择"图片 2.1"，图片比例选择"3：4"。（见图 7-2）

等待十几秒后，即梦生成了一组 4 张图片，可选择自己喜欢的。在这里，我们选择第三张图备用。（见图 7-3）

接下来，如法炮制：

① 让 DeepSeek 生成分镜提示词。
② 按序号逐段复制进即梦（比如 1 号分镜、2 号分镜……）。
③ 把每一段分镜提示词都复制进即梦，分别生成对应的画面，最后得到所有分镜图。

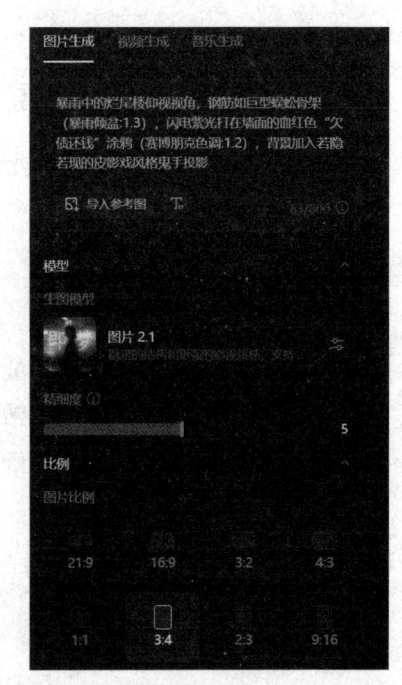

图 7-2

图 7-3

3. 生成分镜视频

分镜图生成完毕,就要开始做分镜视频了。这里,我们使用的是即梦的"图生视频"功能,仍然如前述一样,分两个步骤。

步骤一:写视频生成的提示词

这里可以接着偷个懒,让 DeepSeek 继续帮忙写视频生成的提示词。

提示词参考如下:

我将使用即梦已经生成的分镜脚本,生成对应的分镜视频。
请你按照如上序号,帮我写出对应的视频生成提示词。请使用贴切的镜头语言,确保画面的冲击力。

示例结果

已深度思考（用时 13 秒）

好的，用户最初要求根据分镜脚本为即梦生成绘图提示词，强调风格一致。我需要将之前的视频生成提示词转化为更简单的指令，比如去掉参数设置，直接描述镜头运动、特效和音效。例如，把"暴雨慢速横移镜头＋闪电频闪"简化为"镜头从下往上慢慢移动拍暴雨中的烂尾楼，每隔半秒闪过一道紫色闪电"。

还要确保每个分镜的提示词独立，方便用户逐条复制。可能需要使用更口语化的词，避免技术术语，同时保留关键元素如特效、转场和音效。

以下是简化后的直白版视频生成提示词，可直接复制到即梦的文本输入框：

1号镜头 镜头从下往上慢慢移动拍暴雨中的烂尾楼，每隔半秒闪过一道紫色闪电，墙上的"欠债还钱"红字被照亮，背景有影子像"鬼手"在晃。

2号镜头 特写匕首抵着外卖员脖子，汗珠顺着刀尖滴落，镜头故意晃动模仿手机偷拍视角，配上刀刮金属的刺耳声。

3号镜头 三个黑衣人围住外卖员，镜头突然推到他们手里的手机屏幕上，绿色弹幕写着"青娘子打赏10万元"，手机突然冒出一团黑烟。

注：版面受限，截图仅展示部分深度思考与部分回答。

步骤二：将视频提示词复制到即梦的视频生成界面

选择之前选定备用的图片，再选择"图片生视频"。（见图7-4）

注意：视频模型选择"视频S2.0"，时长默认5秒。

等待30秒左右，即梦就完成了视频生成（见图7-5），下载该视频。

接着，继续如法炮制：

① 让DeepSeek生成视频提示词。
② 把提示词复制进即梦。
③ 选择之前选定的备用图。
④ 选择"图生视频"，在即梦中生成对应的分镜视频。
⑤ 重复上述操作，得到所有分镜图。

4. 后期剪辑成片

将所有分镜视频导入剪映，按照顺序排列好，添加相应的字幕、特效、音效和配音，就完成了整个的民间故事短视频制作。（见图7-6）

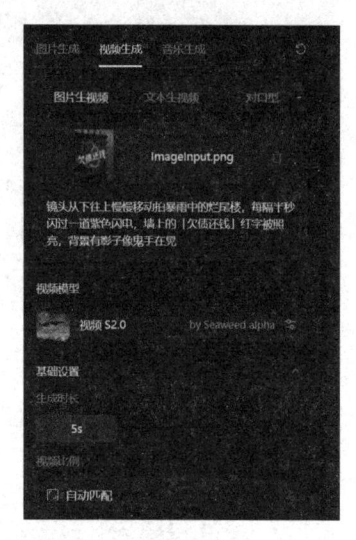

图7-4

图7-5

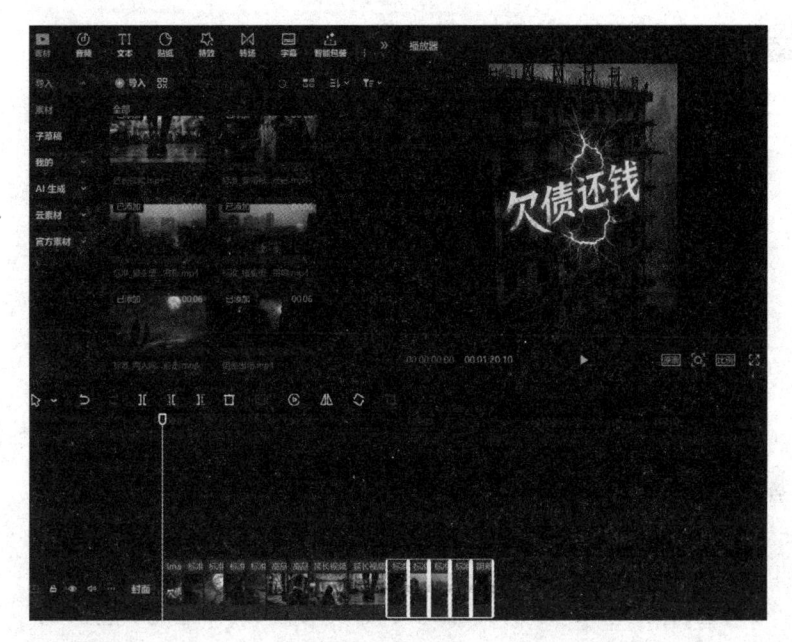

图 7-6

制作完成后，我们便可将成品视频发布到抖音、视频号、快手、西瓜视频等主流视频平台赚取流量收益了，也可以在视频中挂车卖货、卖书，像《山海经》这类书籍就很适合挂车。

需要提醒大家的是，最好是全网多平台一起发，多一个平台多一份收益。要知道，东边不亮西边亮，也许 A 平台数据不行，B 平台就爆了。

本篇总结

AI 浪潮袭来，大量 AI 工具的应用正成为普通人高效变现的核心利器。

本篇通过 7 节实操案例，系统拆解了如何借助 DeepSeek 与 DeepSeek+Suno、即梦、可灵等各类 AI 工具快速生成爆款内容，精准切入不同赛道，实现流量与收益的双重增长。

第 1 节

聚焦减肥图文引流，揭示了小红书等平台健康类内容的高热度本质。通过 DeepSeek 撰写痛点精准、情感共鸣的减肥文案，转化相应格式并截图发布，用户可零成本起号。关键步骤在于精准场景选择、数字刺激与行动指令设计，通过带货、私域沉淀（如 299 元课程销售）实现月入 5 位数的稳定收益。

第 2 节

以影评创作为例，拆解爆款内容的底层逻辑。通过 AI 拆解对标影评的切入角度、开篇结构、语言风格，再生成选题与标题，最终分模块填充内容。"观点差"是流量密码，例如质疑主流好评的《沙丘 2》引发热议。变现路径包括平台流量分成、影视周边带货及投稿大号获取稿费，新人亦可轻松月入 4 位数。

第 3 节

深入知乎盐选故事赛道，强调"爽点公式"的复刻能力。从拆解爆款小说的悬念钩子、冲突设计，到生成大纲、细目及分块填充情节，AI 将单篇创作时间压缩至 15 分钟。核心在于开篇提问场景设计、第一人称叙事与情绪快速代入，通过会员分成、版权交易及平台推广资源实现持续收益。

第 4 节

瞄准职场吐槽视频的流量红利，以歌词创作降低内容门槛。通过 DeepSeek 生成辛辣犀利的吐槽歌词，结合 Suno 谱曲、即梦生成拟人化分镜画面，最终剪辑成片。朗朗上口的洗脑歌词与"牛马人设"的拟人化表达是爆款关键，变现依赖平台流量分成与垂直品类挂车带货。

第 5 节

解析"复活古人"视频的官媒转发逻辑，依托文化自信与技术新奇感。从画像转绘真人、首尾帧过渡到动态表情生成，AI 实现了历史人物的"情感活化"。边缘轮廓转绘与动态过渡提示词设计确保画面惊艳，流量收益与定制教学课程（如 39.9 元 / 人）成为主要变现方式。

第 6 节

打造"萌系"内容印钞机，治愈感与亲和力是核心。通过即梦生成萌娃、萌宠互动画面，结合动态分镜与活泼音效，直击母婴与宠物爱好者群体的情感需求。高付费习惯受众与垂直挂车（如萌宠手机壳）、橱窗带货等，使单日佣金轻松突破 4 位数，同时可通过蒲公英平台与品牌方合作。

第 7 节

挖掘民间故事短视频的流量密码，以"黄金三秒"原则抓牢观众。AI 生成悬疑猎奇脚本后，分镜脚本需强化赛博朋克色调与传统元素融合，最终通过多平台发布赚取流量收益，或以《山海经》等书籍挂车变现。

AI 工具的核心价值在于降低创作门槛、提升内容效率,而变现的关键在于精准匹配平台调性、挖掘用户情感需求,并通过流量分成、私域转化与垂直带货实现收益最大化。无论是图文、影评、故事还是视频,只要掌握"爆款基因",普通人亦可轻松撬动 AI 赚钱的财富大门。

中篇
图文生产变现篇

第8节
代接简历爆改术：
平庸简历秒优化，面试电话接到爆

据中华人民共和国教育部、中华人民共和国人力资源和社会保障部及《人民日报》等官方渠道发布的数据，2024年我国普通高校毕业生总规模达到1179万，较2023年增加21万人。而2014年，这个数据仅为727万。毕业生规模连续十年增长，叠加经济增速放缓、人工智能替代岗位等因素，令就业竞争变得十分激烈。

每年校招季，大厂HR们都要查阅堆积如山的简历，他们的耐心甚至比刷抖音的你还要差，但凡不够出彩，都会被直接淘汰。越来越多的求职者开始意识到，精心准备一份出彩的简历，非常重要！

但对于刚刚步入社会的年轻人来说，他们还没有这方面的经验，也不知道面试官到底想看什么，怎么样才能"出彩"，以及如何才能在简历的文本表达中更好地打动HR、获得面试的机会。

正因如此，"简历优化"这一项目的需求量，近几年开始出现井喷式增长。领英（LinkedIn）、脉脉等职场社交平台上，职场精英指导应届小白改简历的业务非常火爆；而BOSS直聘、猎聘等招聘网站上，也有付费即享受简历修改的服务。（见图8-1）

图 8-1

只要上淘宝输入"简历优化",你就可以看到单价从数十元到上百元不等的商品,且店铺销量都非常高。头部的一家甚至有 10 万人已付款购买。(见图 8-2)

简历优化,正在成为一门好生意。当你还在看热闹时,已经有人借助 AI 工具,把简历优化变为"AI 简历出彩",真正赚到了红利。

使用 AI 爆改简历,仅需要简单三步,普通人也可以非常容易地上手这门生意:**修改简历、结合雇主岗位需求优化简历、一键套用简历模板。**

本节用到的 AI 工具:DeepSeek、TalenCat。

图 8-2

1. 修改简历

我们以求职者张三为例，作为一名 XX 传媒大学的毕业生，他想要寻求一份新媒体运营的岗位。他的原始简历如下。（见图 8-3）

张三 简历

联系电话：123-4567-8901
邮箱：zhangsan_1999@163.com
地址：××市××区

求职意向

新媒体相关岗位

教育背景

2018.09-2022.06
××传媒大学 - 艺术学院

工作经历

2022.07-2023.08 | XX 文化传播有限公司

- 参与公司新媒体账号运营
- 协助撰写微信公众号推文
- 完成领导安排的其他工作

2023.09-至今 | 待业

- 自学 PS 软件基础操作

技能与证书

- 英语 CET-4
- 计算机一级（MS Office）
- 普通话二级甲等
- 机动车驾驶证 C1

自我评价

性格开朗有责任心，学习能力强，对新媒体行业充满热情，希望获得成长机会。

期待薪资：面议
到岗时间：随时

图 8-3

这份简历虽然条目清晰，简明扼要，但在大学生玩"花活儿"层出不穷的今天，简历内容相对来说显得有点粗糙，且没有让 HR 眼前一亮的点。

现在，如果张三找到你，你接下了这门生意，要怎么样能做出让客户满意的简历呢？我们先让 DeepSeek 出手帮他调整一下。

提示词参考如下：

> 你是一个非常资深的 HR，能够一眼判别出一份简历是否足够出彩。请你站在 HR 和企业雇主的角度，帮我优化附件里的简历。要量化他的成果，突出他的优势，让雇主看一眼就忍不住想让他来参加面试。另外，根据我和简历提供者张三的沟通，他在 XX 文化传播有限公司工作期间，曾做出过 3 篇阅读量 10 万+ 爆款公众号图文，涨粉 5000 人。同时他有自己的抖音、快手账号，很熟悉这两个平台的规则，具备独立运营这些账号的能力。

将以上提示词输入 DeepSeek 对话框，并把张三的原始简历作为附件同时上传，可得到以下结果。

示例结果

已深度思考（用时 86 秒）

好的，我现在需要帮用户优化张三的简历。首先，用户希望简历能突出优势，量化成果，让雇主一眼看中。张三的原始简历比较基础，缺乏具体的数据和成果展示，尤其是工作经历部分比较笼统。

……

以下是针对张三简历的专业优化建议，突出新媒体运营核心能力，强化数据化成果展示：

张三｜新媒体运营达人

123-4567-8901 ｜ zhangsan_1999@163.com ｜ XX市XX区

求职定位

新媒体运营/内容策划（全平台运营方向）

核心优势

爆款制造：曾打造3篇阅读量10万+公众号爆款图文，单月涨粉5000+

全平台运营：精通公众号+抖音+快手生态，熟悉各平台流量机制

注：版面受限，截图仅展示部分深度思考与部分回答。

可以看到，优化后，提升非常明显。比如，之前张三只简单写了工作经历。（见图8-4）

工作经历

2022.07-2023.08 ｜ XX文化传播有限公司

- 参与公司新媒体账号运营
- 协助撰写微信公众号推文
- 完成领导安排的其他工作

图 8-4

经 DeepSeek 调整后，这一部分被拆成了"核心优势"和"职场战绩"，让雇主可以一眼就看出他的优势和取得的成果。（见图 8-5）

核心优势
- 爆款制造：打造3篇10W+公众号爆文，单月涨粉5000+
- 全平台运营：精通公众号+抖音+快手生态，熟悉各平台流量机制
- 内容生产力：具备选题策划、文案撰写、基础设计全链路能力
- 数据敏感：擅长通过阅读量/完播率/转化率优化内容策略

职场战绩

XX文化传播有限公司 | 新媒体运营专员
2022.07-2023.08

核心成果：

☑ 独立运营企业服务号矩阵（3个），实现：
- 10W+爆文3篇（历史最高单篇阅读量28.6万）
- 3个月涨粉5000+（自然增长占比75%）
- 推文平均打开率12.3%（行业均值8%）
- 用户留言互动量提升300%

☑ 搭建短视频运营SOP：
- 制定「选题库搭建-脚本模板-数据复盘」全流程标准
- 单条视频最高播放量82万（零付费投放）
- 3个月账号涨粉2800+（职场干货领域）

常规工作：
- 公众号推文撰写（月均12篇）
- 用户画像分析及选题策划
- 竞品账号监测及热点追踪

图 8-5

2. 结合雇主岗位需求优化简历

如上修改后的简历，作为**"通用版"**已经基本 OK 了。但如果想要更加贴合雇主心意，在众多简历中脱颖而出，还需要额外加上一步：**结合雇主的岗位需求生成"定制版"**。

我们从某招聘网站上随机挑选了一份关于新媒体运营工作的岗位要求，请 DeepSeek 阅读这份岗位要求资料后，再帮忙重新优化简历。

提示词参考如下：

现在，请根据雇主的岗位要求，进一步优化张三的简历，使其针对性更强，更容易被雇主青睐。岗位要求如下：

1. 大专以上学历，电子商务、市场运营、广告学、传播学等相关专业优先，年龄 23~30 岁；

2. 熟悉各类视频平台节目类型和运营规则，有独立运营推广抖音等短视频类平台 1 年及以上经验，有达人资源者优先考虑；

3. 具备良好的行业敏锐度、洞察力以及较强的数据分析能力，善于追踪、分析抖音上的热门视频，能够准确捕捉亮点；

4. 抗压能力强，有较强的策划能力和文案功底；

5. 有成功案例者优先。

将以上提示词输入 DeepSeek 对话框，并把张三的原始简历作为附件同时上传，得到以下结果。

示例结果

已深度思考（用时 33 秒）

好的，我现在需要帮用户进一步优化张三的简历，以符合雇主的具体岗位要求。首先，我需要仔细分析用户提供的岗位要求，然后看看张三现有的简历中哪些部分可以调整以更好地匹配这些要求。

……

以下是针对岗位要求的深度优化版简历，重点突出抖音运营能力与成功案例，强化岗位匹配度：

张三 | 抖音运营专家

123-4567-8901 | zhangsan_1999@163.com | XX市XX区

求职定位

抖音运营负责人（短视频全案策划方向）

核心优势

抖音操盘手：独立运营企业&个人抖音账号1年+，打造单条视频播放量82万爆款

爆款解码器：建立抖音热门视频监测库，3个月复用热点产出5条10万+视频

达人经纪人：搭建本地职场领域达人资源库（30+合作资源）

数据指挥官：通过粉丝团转化率/完播率优化，单月涨粉2800+

注：版面受限，截图仅展示部分深度思考与部分回答。

可以看到，结合雇主岗位关于抖音的要求后，DeepSeek 将张三的求职定位从"新媒体运营达人"变更为"抖音运营专家"，更直接、更精准、更有针对性，同时在核心优势里也特地强调了张三抖音操盘手的身份及有跟达人合作的经验。这样直接呈现结果、按要求定制的优化，会更容易获得雇主青睐。

> DeepSeek 虽然有非常强大的简历优化能力，但核心前提还是要基于候选人提供的真实案例+真实数据。

要知道，简历造假是职场大忌，各位读者在接单时，可以使用 DeepSeek，但仅仅只能用它的文字表达力。要跟客户多沟通、多确认。**如果 DeepSeek 生成了与事实不符的内容、夸张胡编的数字，一定要及时筛选出来并删除**。要知道，我们接单做生意，本着的是帮助客户，不可本末倒置、弄虚造假。

做简历优化，切记：务必要实事求是！

3. 一键套用简历模板

文字版简历已经优化完成，接下来，我们要让它变得更美观。传统的方式是自己上网找一个模板，把文字内容复制进去。现在有了 AI，这一步可以让它直接代劳。

此处，我们使用 TalenCat 来示范，这是一款专门针对简历进行优化的 AI 工具。本节我们仅使用它的"模版"功能。

打开 TalenCat 主页，点击导入简历，将之前 DeepSeek 优化后的张三简历上传。（见图 8-6）

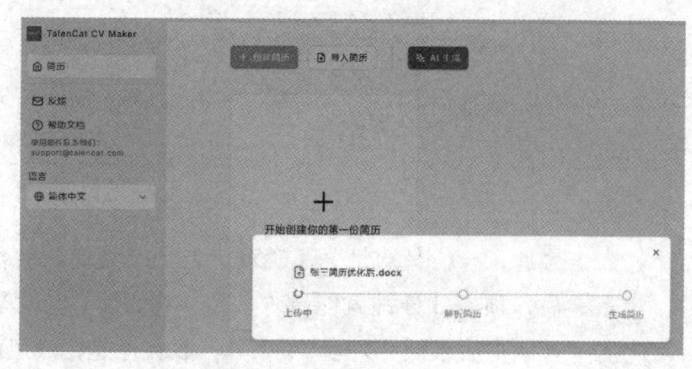

图 8-6

等待约 1 分钟后，TalenCat 完成了对张三简历的预处理，生成了一个简单模板。（见图 8-7）

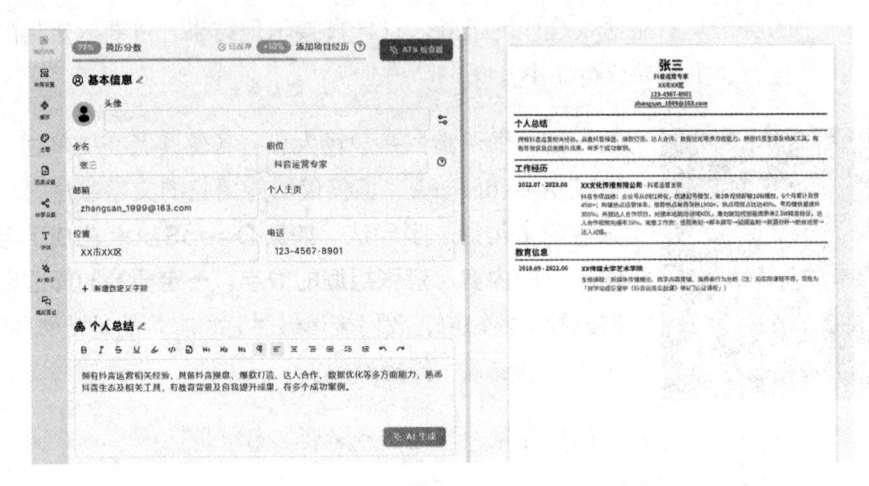

图 8-7

若对该模板不满意，可以点击左边菜单里的"模版"，选择一个自己喜欢的替换。选定后，点击右下方下载按钮即可。（见图 8-8）

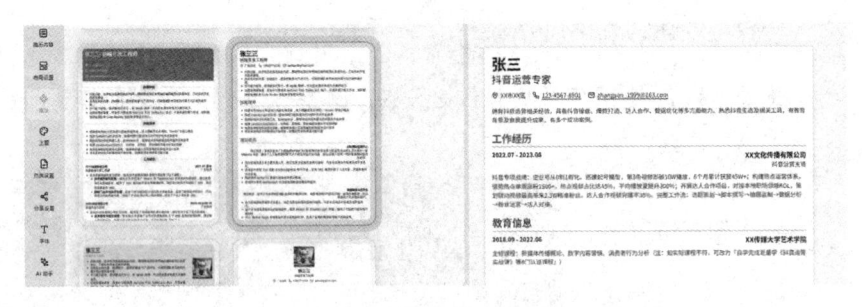

图 8-8

至此，一份针对性强又美观大方的个人简历就优化完成了。操作熟练后，顶多 3 分钟就能制作完成。做 20 单也就是 1 个小时左右。就算按照淘宝最低 20 元 / 单来算，收益也是比较可观的。

第 9 节
PPT 定制流水线：DeepSeek+Kimi 极速排版，日接 10 单无压力

对于大多数打工人来说，PPT 这玩意儿，就是一道烦人的紧箍咒。白天上班像头老黄牛一样吭哧吭哧干活，下班了还得蹲在电脑前苦哈哈地写材料、做 PPT。明明只是给客户发个报价单，非得整成几十页的"战略合作蓝图"。

最气人的是，领导一张嘴，底下跑断腿。"小张啊，这个颜色不够职业。""标题再放大三倍。""中间得加个好看的数据报表。"改到第八版，领导一拍大腿："还是用最初版吧！"凌晨三点你盯着电脑屏幕，恨不得把鼠标摔他脸上。更邪乎的是，新来的实习生，PPT 做得跟迪士尼动画似的，衬得你那朴素的文字 + 截图一文不值。

最扎心的是年底考评，明明你才是埋头干活的人，却经常被说："都不知道你这一年干了些啥！"坐你隔壁那个实事没干几件、PPT 做得花里胡哨的反而升职加薪。原来在领导眼里，饼图画得越圆，功劳显得越大；柱状图冲得越高，奖金才能涨得越快。你终于悟了——**职场如戏，整活 PPT**。

然而悟归悟，大多数普通职场人毕竟缺乏专业设计与审美能力，并非不想做出精美又专业的 PPT，而是心有余而力不足。再加上工作繁忙，

无暇专注，最终呈现的 PPT 材料难免逻辑混乱、重点不明、配色排版不专业。更有甚者，直接做成"文字堆砌的 Word 型 PPT"，被领导嫌弃，被同事诟病。

正因如此，代做 PPT 早已成为轻创业的一条好赛道。淘宝上以关键词"PPT 代制作"搜一搜，你会发现销量极其惊人，回头客也非常多，单价从最低 10 元到最高 200 元不等。某些商家甚至冠以 5 分钟、10 分钟即出稿的口号。（见图 9-1）

现在，我们有了 AI，普通人 5 分钟做出一份精美的 PPT 汇报材料，完全不是空谈。有了 AI 工具助力，甚至都不需要 5 分钟。并且，在工作之余，你还能用 AI 接个 PPT 制作的单，作为副业小赚一把。

下面，我会手把手演示，如何使用 AI 制作出精美的 PPT，仅需要简单两步：制作 PPT 大纲、生成 PPT。

本节用到的 AI 工具：DeepSeek、豆包、Kimi。

1. 制作 PPT 大纲

很多人都存在一个误区：PPT 做得好不好，主要在"外观"，即排版、配色、字体选择等。这些固然重要，但更重要的其实是内容本身。PPT 对外呈现时，表达逻

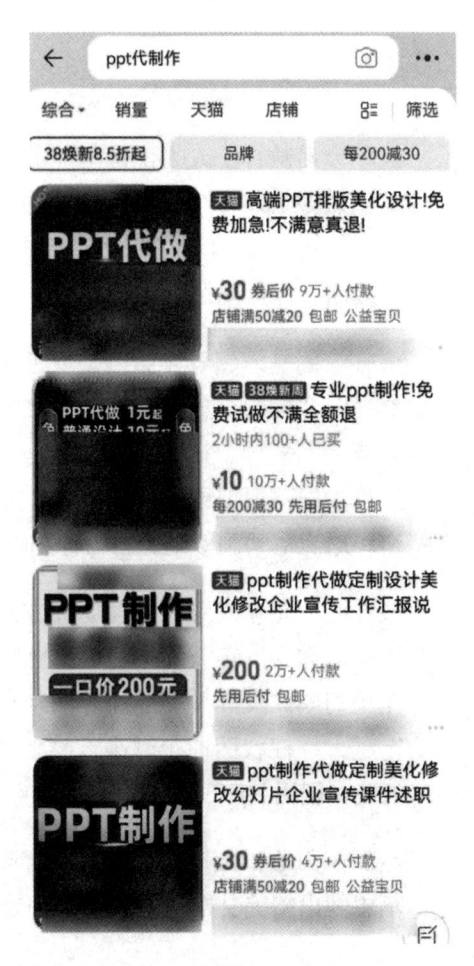

图 9-1

辑是否顺畅、重点是否突出、能否持续抓住汇报对象的注意力，才是一个打工人制作 PPT 时更应该考虑的事情。

因此，PPT 大纲的制作和优化梳理，是第一步，也是真正核心的一步。以前，我们都是靠自己想，若上网找代做，也是代做的商家请文字功底好的"枪手"帮忙梳理。

现在有了 DeepSeek，我们每个人都可以轻松完成一份逻辑清晰、表达明确、重点突出的汇报内容。

在实际接单交付中，这个过程可以分为四步。

第一步：从客户处搜集用于制作 PPT 的原始材料。

客户可能会发送 Word、PDF 或者图片，如果是人工，这么多格式的资料堆在一起处理起来就很麻烦。但对于 AI 来说，这都不是问题，无论是什么资料，都是同样的操作方式。

第二步：基于原始材料，生成 PPT 大纲初稿。

打开 DeepSeek，要求它帮忙撰写 PPT 大纲。

提示词参考如下：

> 你是一个专业的 PPT 制作高手，现在请基于我提供给你的原始材料（见附件），制作一份非常专业的 PPT 大纲。要求逻辑顺畅、重点突出。总共 12 页。

将以上提示词输入 DeepSeek 对话框，并将客户提供的原始材料上传（此处我们以本书作者之一的焱公子先前的一篇分享稿为例）。（见图 9-2）

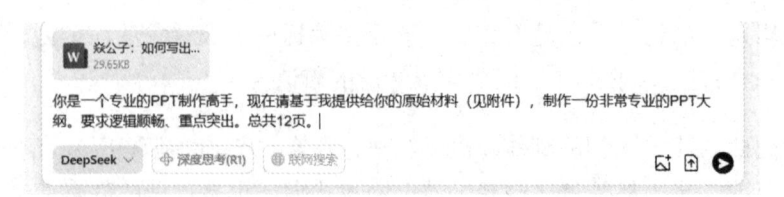

图 9-2

DeepSeek 经过短暂思考后，输出了以下内容。

示例结果

已深度思考（用时 82 秒）

嗯，用户让我帮忙做一个 PPT 大纲，基于他提供的材料，写出有商业价值的个人品牌故事。首先，我需要仔细阅读用户提供的文档，理解里面的内容结构和重点。用户是焱公子，有很多头衔和成功案例，所以 PPT 需要突出他的专业背景和成功经验。

……

以下是基于您提供的材料设计的 12 页专业 PPT 大纲框架，遵循逻辑递进和商业价值呈现原则：

封面页（1/12）
标题：如何写出有商业价值的个人品牌故事
副标题：从故事到商业价值的转化之道

注：版面受限，截图仅展示部分深度思考与部分回答。

第三步：将生成的大纲发给客户确认。

务必先让客户确认通过，再进行下一步。要知道，DeepSeek 是推理型的 AI，它就像一个"小机灵鬼"，在生成的过程中，会有一定程度的"自由放飞"。所以，生成的大纲必须让客户甄别、审查，确定无误后，我们再推进。

第四步：将客户已确认的大纲转化为 Markdown 格式。

首先，Markdown 是一种在互联网上被广泛使用的标记语言格式，可以被绝大多数平台识别，也能够非常方便地转化为 PPT 文件。其次，如果你根本弄不懂 Markdown 是什么，也没有关系。你只需要打开 DeepSeek，按下方我们提供的提示词，输入进去，让 DeepSeek 自动生成 Markdown 格式。

提示词参考如下：

> 请将上述 PPT 大纲转化为 Markdown 格式，确保能被其他生成 PPT 的 AI 工具准确识别。

将以上提示词输入 DeepSeek 对话框，得到结果。

示例结果

已深度思考（用时 43 秒）

好的，我现在需要帮用户把之前提供的 PPT 大纲转换成 Markdown 格式，确保能被其他生成 PPT 的 AI 工具识别。首先，我得回想一下用户的需求。用户最初是希望基于提供的材料制作一个专业的 12 页 PPT 大纲，现在他们需要将其转化为 Markdown 格式，以便其他 AI 工具使用。

……

注：版面受限，截图仅展示部分深度思考与部分回答。

2. 生成 PPT

目前很多 AI 工具都可以方便地生成 PPT，此处我们以豆包为例。在豆包新对话中选择"AIPPT"，将刚才 DeepSeek 生成的 Markdown 格式的大纲复制、粘贴进去。（见图 9-3）

一键生成，模板任选，自由编辑

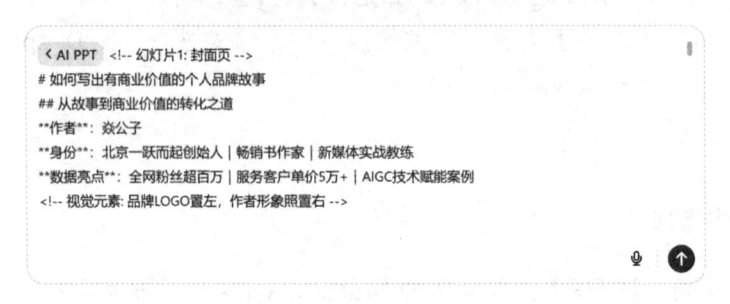

```
< AI PPT   <!-- 幻灯片1: 封面页 -->
# 如何写出有商业价值的个人品牌故事
## 从故事到商业价值的转化之道
**作者**: 焱公子
**身份**: 北京一跃而起创始人 | 畅销书作家 | 新媒体实战教练
**数据亮点**: 全网粉丝超百万 | 服务客户单价5万 | AIGC技术赋能案例
<!-- 视觉元素: 品牌LOGO置左，作者形象照置右 -->
```

图 9-3

点击右下角蓝色箭头，豆包会先基于大纲内容进行整理，确认无误后，我们点击"选择模版"。（见图 9-4）

图 9-4

之后，豆包会弹出很多 PPT 模版，此处我们任意选择一个，点击"开始生成 PPT"。（见图 9-5）

图 9-5

等待大约 1 分钟后，一份排版精美、逻辑清晰的 PPT 就生成好了，下载到本地即可。如果你对某部分细节不满意，可以直接在豆包上在线编辑，也可以下载到电脑，将 PPT 打开后再编辑。（见图 9-6）

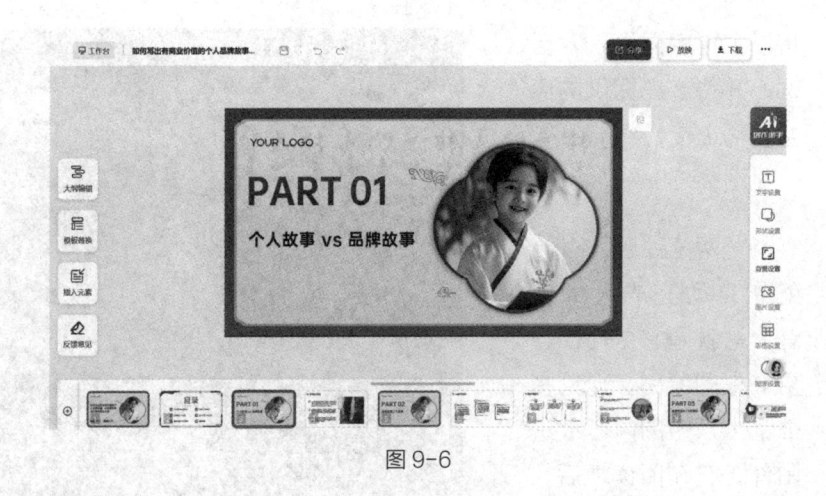

图 9-6

操作熟练后，不到 5 分钟即可轻易完成一单，一天接十几单是毫无压力的。

如果你的单子接到手软，觉得 5 分钟还是太久了，希望拥有更简便、更高效的 PPT 生成方式，这里送给大家一个"彩蛋"——我们给付费学员课程中的"小绝招"：单独使用 AI 工具 Kimi，只要一步，就可完成全流程的制作。

首先，依然是基于原始材料生成 PPT 大纲。

打开 Kimi，点击 Kimi+，在左侧边栏中找到 PPT 助手，点击进入，要求它帮忙撰写 PPT 大纲。

提示词参考如下：

> 你是一个专业的 PPT 制作高手，现在请基于我提供给你的原始材料（见附件），制作一份非常专业的 PPT 大纲。要求逻辑顺畅、重点突出。

将以上提示词输入对话框，并将客户提供的原始材料上传，点击发送。（见图 9-7）

等待一两分钟后，Kimi 就能自动完成大纲提炼。这就是它更简便、更高效的原因。无论多么乱七八糟的内容放进附件，它在阅读之后，都会基于逻辑性、完整性去生成大纲。条理清楚，表达得当。原始材

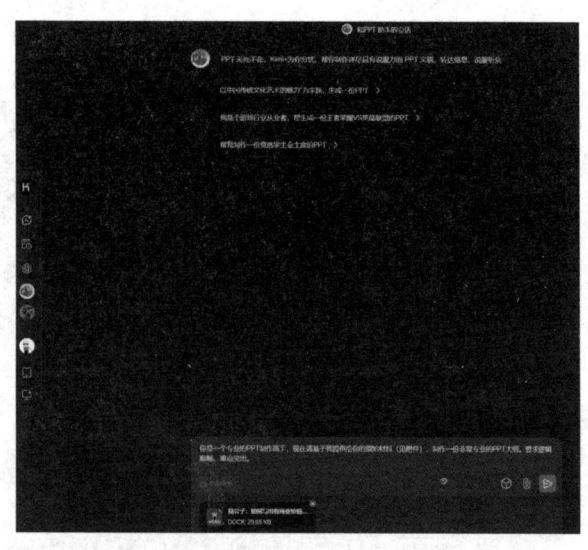

图 9-7

料有很多错漏，它会补全；原始材料重复、冗长，它会提炼，真的非常省心，完全是一站式服务。

如果客户对生成的内容不满意，我们可以要求它继续调整。

此处作为流程演示，我们默认客户已确认 Kimi 生成的大纲内容是合乎要求的。让我们继续下一步。

此时，点击大纲下方的"一键生成 PPT"。（见图 9-8）

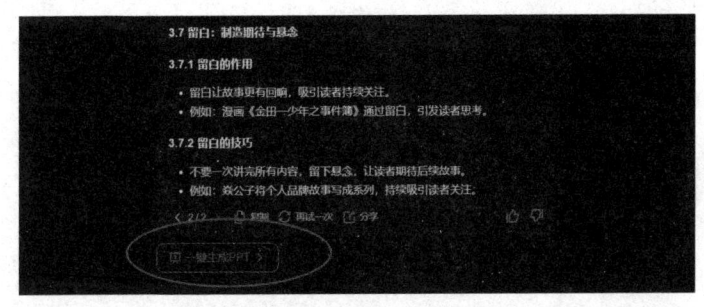

图 9-8

之后的流程，就跟豆包完全一致了：选择一个自己喜欢的 PPT 模版，点击生成，等待十几秒后，PPT 完成后下载导出即可。（见图 9-9）

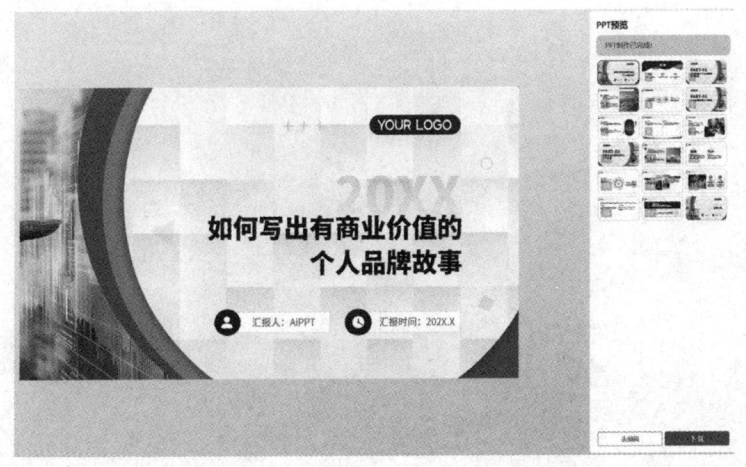

图 9-9

需要说明的是：使用 Kimi 制作 PPT 确实更简单，但在大纲生成方面，DeepSeek 的文本质量还是明显高于 Kimi 的。所以，根据我们学员接单的经验，如果是定制型、用于重要活动的单个 PPT，还是建议用 DeepSeek 写大纲＋豆包制作。

如果是批量型、日常使用的 PPT，为了更快出活儿，那就可以使用 Kimi。

总之，我们要根据客户的具体需求，来决定到底使用哪种方式进行交付更合适。

第 10 节
老照片 AI 修复：中老年市场里的商机，单次收费 500 元 + 的实战玩法

如果你经常刷短视频，一定时不时就能刷到 AI 修复老照片的视频。在抖音上，话题 #AI 修复老照片播放量已经超过 2 亿次。（见图 10-1）

那些沉睡在铁盒深处的老照片，因为 AI 技术的兴起，正在经历一场跨越时空的"重生"。泛黄的折痕里，外婆的笑容重新绽放出少女的光泽；模糊的军装照上，爷爷年轻时的眉眼在 AI 的笔触下逐渐清晰；就连那帧褪成褐色的全家福，也突然有了"声响"——你听见三十年前的春风掠过老屋门楣，听见胶片颗粒重组时发出的细微震颤，像极了旧时光轻声叩打窗棂的回音。

当 AI 为静止的相纸注入呼吸与心跳，那些早被岁月封存的记忆突然就"活"了过来。在这场与时间的温柔对峙中，技术不再是冰冷的代码，而是握在普通人手中的月光宝盒，轻轻一转，便让记忆里的光，永远鲜活如初。

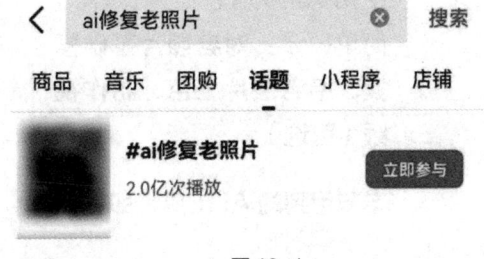

图 10-1

也正是基于如此浓烈而纯粹的情感诉求，老照片修复这一赛道，也日益火爆起来。打开淘宝输入"老照片修复"，几乎每家店铺销量都极高，价格从几元到十几元不等。销量最高的一家是15元，有超过20万人付款。（见图10-2）

虽然单价不高，但制作难度很低，几分钟就能完成。下面，我们给大家分享做法。使用 AI 修复老照片，仅需简单三步：**对老照片基础修复、给老照片上色、制作视频（可选）。**

本节用到的 AI 工具：即梦。

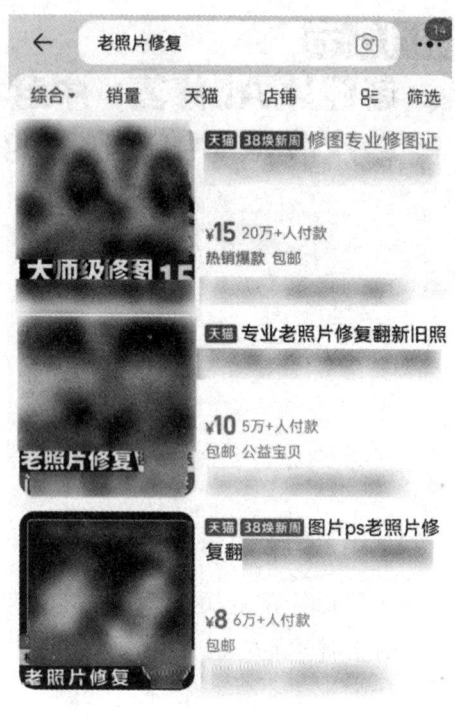

图10-2

1. 对老照片进行基础修复

打开即梦，选择"导入参考图"，将老照片上传，选择默认的"智能参考"，点击"保存"。（见图10-3）

在提示词里面"这是一张上个世纪五十年代的老相片，请修复"，如果照片有污渍或者划痕，提示词还可以增

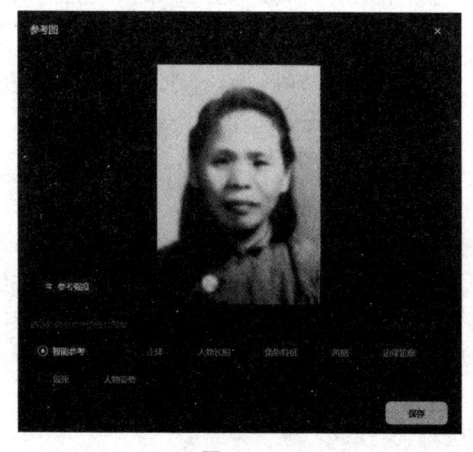

图10-3

加诸如"同时去掉污渍和划痕"这样的描述。

图片模型选择"图片 2.0 pro",精细度拉到 10,点击"立即生成"。(见图 10-4)

等待十几秒后,即梦生成一组 4 张图片,效果都不错,可让客户选择一张与印象中最像的备用。此处我们选择第三张图。(见图 10-5)

单独选择第三张图,点击图片下方的"HD",使之高清化。(见图 10-6)

2. 给老照片上色

为了让黑白照焕发生机,我们现在给它上色。继续使用即梦,上传刚才修复好的老照片,依然选择"智能参考",点击"保存"。(图 10-7)在提示词里写"请对照片进行上色处理,要求看起来自然协调"。

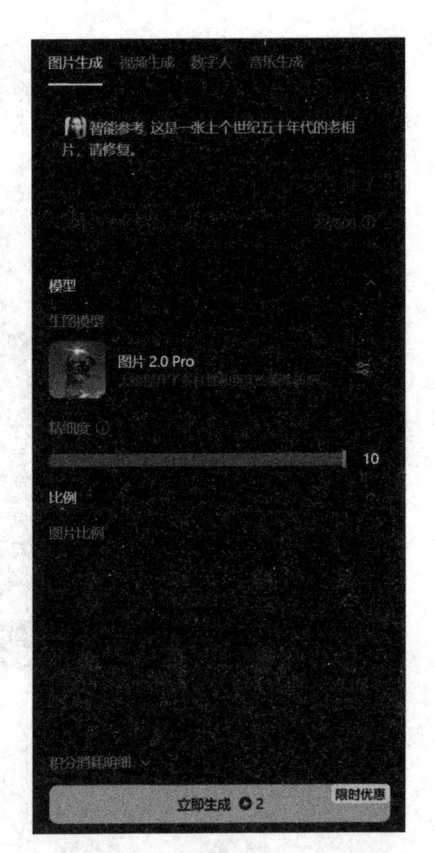

图 10-4

图 10-5

图 10-6

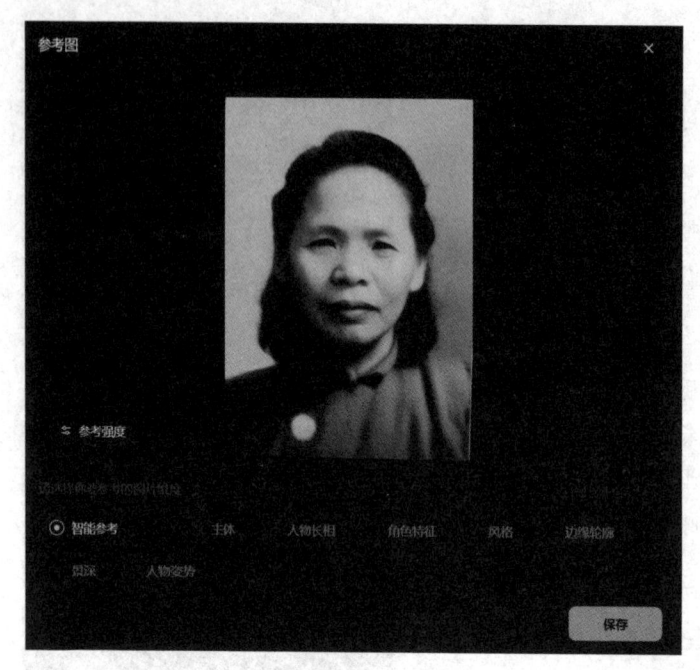

图 10-7

图片模型选择"图片 2.0 pro",精细度拉到 10,点击"立即生成"。（见图 10-8）

等待十几秒后,即梦生成了一组 4 张图片,效果都不错,可让客户选择一张与印象中最像的备用。此处我们选择第一张图。（见图 10-9）

单独选择第一张图,点击图片下方的"HD",使之高清化。（见图 10-10）

图 10-9

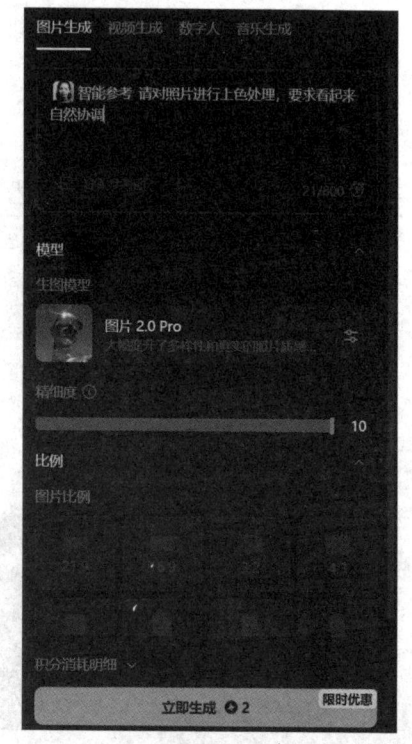

图 10-8

至此，老照片修复工作便已完成。前后效果对比如下。（见 10-10）

3. 制作视频（可选）

若客户希望老照片动起来，也非常简单。直接在即梦里点击生成好的高清上色图，选择下方的"生成视频"按钮，在对话框里输入：老人露出慈祥的微笑。（见图 10-11）

视频模型选择"视频 S2.0 Pro"，点击"生成视频"。（见图 10-12）

图 10-10

图 10-11

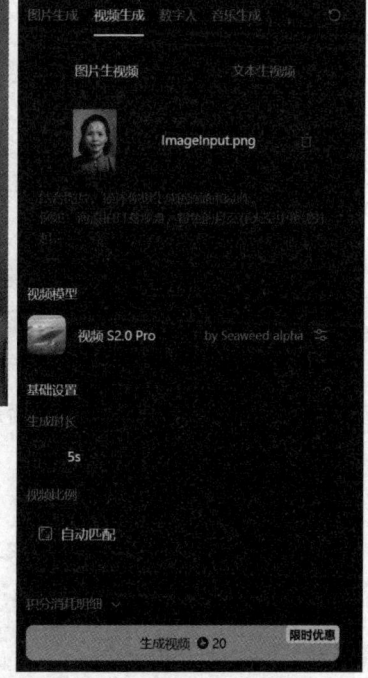

图 10-12

等待 30 秒左右，即梦就完成了视频生成（见图 10-13），下载该视频。

图 10-13

至此，所有制作过程便已完成。

单单只是老照片高清修复、上色等，这样制作出来的内容，单价确实不高，但在视频号上却很有市场。因为视频号用户以中老年群体居多，对于他们来说，不到 20 元，就能够通过技术手段跟挚爱的人重聚，这本身就是一件美好的事情。我们的很多学员也表示，接了不少爷爷奶奶的单子，他们大多数并不是在做自己的照片，而是给亲人做，甚至还有一位奶奶是给自己的父母制作。接一单也就挣 5 元、8 元，但在制作的过程中，能借此疗愈自己了。

科技向善，或许这才是技术真正的意义。

如果想提高客单价，我们可以制作成一个微型 MV。

步骤 1： 给老照片高清修复、上色。
步骤 2： 做成视频。可以用不同的照片，多制作几条。
步骤 3： 把几条视频放入剪映，合并成一条长视频。

步骤 4：给长视频挑选一段温暖舒缓的音乐，配上文字。

如果你不擅长写文，完全可以把照片传进 DeepSeek，请它代劳。比如我们制作的全家福 MV 中，DeepSeek 就写下了这样的文字，呈现在视频中："年轻的母亲正在微笑，父亲的烟斗飘起袅袅青烟，童年那只走失的小狗又摇着尾巴，向我奔来。"这一段得到了客户极大的认可，觉着写得很美，很戳中内心。

这样的微型 MV 售价在 39.9~59.9 元，如果制作的照片数量多、视频时长较长，价格还能再相应提高一些。因为一张照片只能生成最多 10 秒的视频，微型 MV 一般在 3~5 分钟，可以放进 18~30 张照片。

在我们看来，制作这类内容是很赚的——赚钱也赚爱。因为除了能获得实实在在的收益，你在和客户交流的过程中、你在制作的心流状态中，一定能感受到：这哪里是技术创造的神迹，分明是数字时代最浪漫的共谋——我们借科技的羽翼飞向过往，只为让每一个遗憾的故事重写结局，让未及言说的爱找到归途。

每一个被高清修复的像素都在提醒我们：不必为离别过度伤感，你和你爱的人终会重逢。

第 11 节
人像写真平替：AI 生成九宫格氛围感大片，一发朋友圈直接卖爆

影楼的玻璃展柜里，陈列着关于"美"的定价：精修 30 张照片的价格抵得上普通人半个月工资。尽管如此，一大群 20 多岁的年轻女孩依然攥着预约单，在化妆师的粉刷下，扮成千篇一律的公主模样。

AI 绘图技术的日益成熟让我们知道：真正自由奔放的美，不应如此雷同，更不该如此昂贵。AI 能让姑娘们有更便宜、更丰富的选择——那些曾在《洛神赋》里翻涌的惊鸿影，在《簪花仕女图》中凝固的芙蓉面，在《佳人歌》中"一顾倾人城，再顾倾人国"的绝世风貌，在 AI 的加持下，都能成为你喜欢的、触手可及的光影。

相信你一定在各种场合，见过类似这样的 AI 写真照（见图 11-1）：

图 11-1

中篇　图文生产变现篇　　　　　　　　　　　　　　　　　　　113

在 AI 的帮助下，人与《山海经》中的奇珍异兽和谐共处的画面；顾恺之画卷里游出的水墨麒麟，驮着爱美又富于幻想的女子……都能如想象中那般，按要求实现了。在 AI 铺就的宣纸上，东方女儿数千年的顾盼神采，被晕染得愈加熠熠生辉。

打开淘宝输入"AI 写真"，可以看到定制一张 AI 写真照的价格基本在 50 元以上。（见图 11-2）

接下来，我们会演示如何使用 AI 制作人像写真图片。仅需简单两步：**撰写人像写真提示词、根据参考图生成图片。**

本节用到的 AI 工具：可灵、DeepSeek。

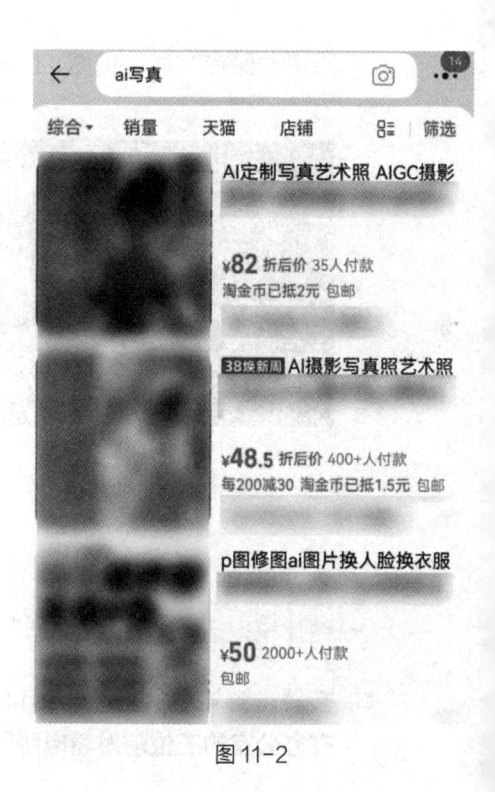

图 11-2

由于主打"写真"，所以，客户对于画面质感和人物独特性的要求就会比较高。但你只要能选用到合适的 AI 工具，提供精准的提示词，就不难做到。

可灵和即梦目前都可以在参考图选项中选择"参考人物长相"功能，我们先来实测对比一下两个 AI 工具的实际效果。

我们假设下图就是客户传来的照片（见图 11-3），要生成职场写真。

注：为规避照片版权风险，此照片是焱公子使用 AI 工具生成的。

首先，将照片作为原始参考图片。

先测试即梦。

打开即梦，选择"导入参考图"。上传参考图后，选择"人物长相"，

点击"保存"。（见图 11-4）

图 11-3

图 11-4

图片模型选"图片 2.0 pro"，图片比例选 16∶9。

接着，输入提示词**"一个年轻漂亮的中国女孩，穿着白色职业套装，正在办公室的工位前对着电脑"**，点击"立即生成"。（见图 11-5）

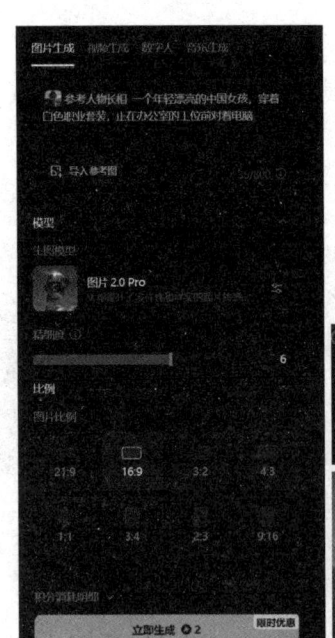

等待十几秒后，即梦生成了一组 4 张图片，全部是职场写真图。（见图 11-6）

选择图 1 跟原图放到一起做对比（见图 11-7），从两图的效果上看，可以看出相似度约有八成。

图 11-6

图 11-5

图 11-7

再测试可灵。打开可灵，选择"上传参考图"，将如上参考图上传，同样选择"人物长相"，点击"确认"。（见图11-8）

模型选择"可图1.5"，图片比例选16:9，同样输入提示词**"一个年轻漂亮的中国女孩，穿着白色职业套装，正在办公室的工位前对着电脑"**，点击"立即生成"。（见图11-9）

图 11-8

图 11-9

等待十几秒后，可灵生成了一组4张图片，也全部是职场写真。（见图11-10）

4张图的长相基本保持一致，选择图1。

图 11-10

现在，我们把原图、即梦生成的图、可灵生成的图，全部放到一起做对比，效果如下。（见图 11-11）

图 11-11

可以看到，可灵生成的图片中，人物相似度明显高于即梦。因此，从实测效果出发，我们更推荐使用可灵来制作人物写真图片。

1. 撰写人像写真提示词

此时，可以继续召唤我们的老朋友 DeepSeek 出来帮忙了。

提示词参考如下：

> 我现在正在使用可灵制作人物写真图片，现在参考的模特是一个中国年轻女孩。请你极尽想象力，帮我写出 9 组不同服饰、场景、时空下的人像写真提示词，主体都是这个中国女孩。比如她可以是古代的贵妃，也可以是穿越时空的探险家。请注意：所有图片提示词的风格均为人像摄影写实风格，女孩的容貌也要保持高度一致。同时，请提供丰富的图片细节，让所有生成的图片都充满氛围感。

将以上提示词输入 DeepSeek 对话框，并上传原始图片（客户给的照片）给它参考，它的回复如下。

示例结果

已深度思考（用时 14 秒）

好的，我现在需要帮用户生成 9 组不同服饰、场景和时空下的人像写真提示词，主体是一个中国年轻女孩，要求写实风格，容貌一致，细节丰富，氛围感强。

……

以下是 9 组不同时空、场景的中国女孩人像写真提示词，已严格遵循摄影写实风格要求，并确保人物面部特征高度统一（杏仁形双眼 / 小翘鼻 / 眉心淡痣）：

1. 盛唐夜宴

深红色唐官廊柱间，女孩身着金丝牡丹纹齐胸襦裙，斜倚檀木凭栏，手持团扇轻遮下颌。背景是悬浮的莲花宫灯群，暖黄光晕映亮鬓间珍珠步摇，飘落的海棠花瓣粘在石榴红披帛上。

注：版面受限，截图仅展示部分深度思考与部分回答。

2. 根据参考图生成图片

打开可灵，按照先前步骤，依次将 DeepSeek 撰写的提示词复制到创意描述对话框中。（见图 11-12）

模型依然选择 "可图 1.5"，这一次，比例选择 3∶4。

等待十几秒后，可灵生成了如下图片。（见图 11-14）

注：可灵是收费软件，每次生成都会耗损积分。此处，如果你想节约积分，就可以将生成数量调整为 1 张，点击立即生成。（见图 11-13）

如法炮制，将剩下 8 条 DeepSeek 生成的提示词依次复制到可灵中，点击生成。所有图片生成完成后，下载图片，将它们拼合到一起。可以看到虽然风格、场景迥异，但人物长相确实保持了高度一致性。（见图 11-15）

一名跟着我们学习的学员正是学会了这一招，常常在自己的朋友圈发类似的九宫格。不少人都来问她如何做的，为什么能做到这样清晰，还跟本人很相似？也有人直接请她代做。她按照每张图 9.9 元定价，对方只需要发一个微信红包，就可以得到自己喜欢的写真。

图 11-12

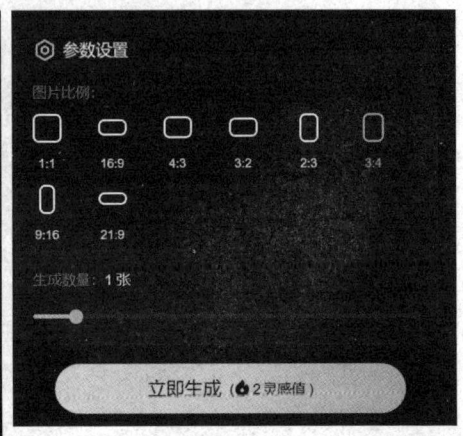

图 11-13

图 11-14

图 11-15

这名学员仅春节几天假期,就轻松变现了 3000 元。她信心满满,筹备开设课程、带出几个徒弟,一起抱团共赢,争取 2025 年内把业务量扩大 10 倍。

第 12 节

人人都可做的图书"种草":
单店带书变现 5w+ 的不传之秘

微信公众号对大家来说并不陌生,很多人认为公众号的红利已经过去。但实际上,微信在 2023 年推出了"小绿书"——它本质上是在公众号平台上发布文章,只是采取了一种全新的图文内容形式。跟传统的公众号文章相比,小绿书更接近小红书的风格,发布的内容限制在 1000 字以内,且顶端配的是图片。

其使用方法与小红书非常相似,用户可以通过公众号、视频号等入口发布富有吸引力的图文笔记(文字 + 配图)。内容可以涵盖生活方式、攻略测评、知识干货等领域,并支持添加话题标签(#)与 @ 好友互动,便于快速传播与"种草"。

由于微信平台对小绿书内容有算法推荐方面的大力扶持,所以只要用心创作优质笔记,就能非常容易地触达潜在用户,突破公众号固有的订阅限制。我们的一个学员做了三年公众号,都没有赚到 1000 元,但仅仅做了一个月的小绿书,收益就超过了 5 位数。

为什么小绿书比传统公众号文章更容易赚到钱呢?

首先,当然是微信官方的扶持力度大。其次,小绿书的内容可以一键同步到视频号、朋友圈、公众号菜单栏等多个渠道,并且支持用户收藏、转发、评论。优质内容还可通过私域流量（如微信群、朋友圈）迅速扩散，形成多渠道引流，具备强大的社交裂变潜力。

此外，微信生态里的用户绝大多数都已有了长期阅读公众号长文章的习惯，只是现在是短视频的时代，人们对于长文已经越来越"接受无力"，期待能更快、更简洁地了解信息。小绿书的出现，恰恰满足了这一需求：它以图片为核心的信息呈现方式，非常适配碎片化阅读场景，能极大限度地降低用户的理解成本。如此一来，基于微信生态的庞大用户画像，通过标签实现"兴趣定向推送"，在小绿书上无论是带货、带课，转化率都较高。

总结起来，想要在小绿书上赚钱，可以遵循以下三个原则：

1. 内容短小精悍，图文并茂

不管是带货还是带课的文案，文字都不能太长。一篇小绿书笔记只聚焦一个卖点，然后配上美美的图即可。

2. 强化社交互动，激活流量裂变

发布内容时需主动引导用户互动，比如，在尾部添加"精准话题"标签，以吸引算法推荐；在正文中，运用"点击下方商品卡""评论区留言"等话术，刺激用户行动；同时，要做好公域与私域的联动；在笔记末尾，记得带上个人微信二维码；在将笔记转发到朋友圈时，也要记得带上公众号入口，把公域、私域用户相互融通。

3. 垂直领域深耕，熟悉算法标签

持续产出同一垂类内容，才能被算法精准推荐。锁定细分领域，建立鲜明人设，所有内容围绕固定场景展开（如"职场妈妈育儿""学生党副业""中小老板搞流量"），保持封面风格和内容结构统一。采用"干货+变现"的组合策略，每输出几篇实用内容后，就插入带货笔记，让用户既收获价值，又接受推荐，从而逐步将泛流量转化为精准消费群体。

接下来，我们就以图书带货为例，带着大家实操，用 DeepSeek 写小绿书种草文案赚取佣金。仅需简单三步：**制作书籍知识卡片（图片）、撰写文案、选品和绑定。**

本节用到的 AI 工具：Kimi、DeepSeek。

假设你现在已经拥有了一个微信公众号（订阅号），也可以是服务号。不过服务号需要营业执照，对于普通人来说，注册订阅号更方便。同时，你还需要一个实名认证的微信号和一个视频号。

注：因本书侧重分享如何用 AI 赚钱的思路，如何注册公众号就不展开论述了。

1. 制作书籍知识卡片（图片）

制图前，我们需要框定一个大概的选品范围，即要选择与你的小绿书定位相同的商品。比如，你是一个职场女性，就选择职场类书籍。我们的一个学员是销售，于是选择了一本销售类书籍——《绝对签单》。

这里，我们就以《绝对签单》为例，制作它的知识卡片。传统做法是摘录书中的金句，一张一张地做图。有了 AI，这项工作就简单多了。可以把《绝对签单》的电子书作为资料，以附件形式上传。如果找不到电子书，也可以买一本实体书，用拍照的方式上传图片。想更节约成本，可以到"微信读书"找到电子版，截图。

步骤一：摘录书里的金句。

在从 10 万字以内的长文本中提炼关键信息这一领域，Kimi 一直表现上佳，因此这里我们将使用 Kimi 作为演示工具。我们的做法是把《绝对签单》电子书作为资料投喂。

提示词参考如下：

> 请通读附件文档，从中找出 30 条最能引发共鸣、打动人心的金句。

打开 Kimi，将上述提示词输入对话框，并上传《绝对签单》电子书作为附件，得到以下结果。

以下是我在文档中找到的 30 条最能引发共鸣、打动人心的金句，以及对每一句的简单分析：

关于客户需求与价值

1. "人性定理"认为：任何一个人的任何行为，都是以服务于他自己为目的。
2. 世上没有白走的路，一步一个脚印，每一步都作数。
3. 客户并不关心产品本身，只关心产品给自己带来的利益是什么。
4. 好产品都是推销出来的。
5. 信任背书的作用是第一时间消除消费者的"不靠谱感"。
6. 好产品的定义实际上是"好产品 + 好自己"。

> 注：版面受限，截图仅展示部分回答。

步骤二：将金句转化为知识卡片。

现在请出我们的老朋友 DeepSeek，让它把从 Kimi 里提取出来的金句做成知识卡片。我们制作了 5 条知识卡片，供大家参考。

提示词参考如下：

将我给你的金句转化为 HTML 格式，要求：1. 每行文字用 <div> 标签包裹；2. 重点词加粗标红；3. 采用竖向排版（即如果金句是两句话，就以两列显示）；4. 采用白色作为背景色；5. 每一句金句单独形成一个版面，外面加一个 3:4 的方框，方框为商务蓝色；6. 所有内容居中显示；7. 使用好看的手写体。

金句如下：

任何一个人的任何行为，都是以服务于他自己为目的。
客户并不关心产品本身，只关心产品给自己带来的利益是什么。
提问是销售的黄金法则。
客户领取转介绍福利时，要不断提出转介绍要求。
在没有得客户信任之前，不要谈业务。

打开 DeepSeek，将上述提示词输入对话框，得到以下结果。

示例结果

已深度思考（用时 24 秒）

好的，我现在需要解决用户对 HTML 排版的新要求。用户之前已经调整过几次，现在字体要再大一号，标点符号不能分开，并且根据句子数量调整列数。首先，我得回顾之前的代码，看看哪里出了问题。

用户提到标点符号分开了，比如逗号和句号单独成列，这显然不符合中文排版习惯。之前的代码中，确实将标点符号作为单独的列处理，导致视觉上不连贯。需要将标点与文字合并到同一列中，同时保持竖向排版。

注：版面受限，截图仅展示部分深度思考与部分回答。

……

点击 DeepSeek 生成的 HTML 内容的右上角，将其复制。（见图 12-1）

图 12-1

在电脑上新建一个 txt 文档，将内容复制进去，命名为"绝对签单知识卡片"。（见图 12-2）

图 12-2

保存后，将这个文件后缀名改为 html。（见图 12-3）

用网页打开刚保存好的文件，得到如下内容（部分截图画面）。（见图 12-4）

接下来，只需滚动鼠标，使用截图工具按条截取，便获得了制作好的知识卡片（此处我们将之拼合在一起，方便读者查看）。（见图 12-5）

图 12-3

按序整理好，即可作为发布至小绿书的素材。

2. 撰写文案

继续应用 DeepSeek 来撰写书籍的"种草"文案。

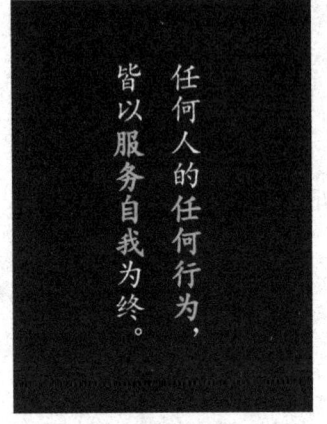

提示词参考如下：

现在我要把这些卡片发布到小红书、小绿书等新媒体平台，请帮我写一份匹配《绝对签单》这本书的"种草"文案，要有吸引力，也要包含卡片的关键内容。《绝对签单》见附件。

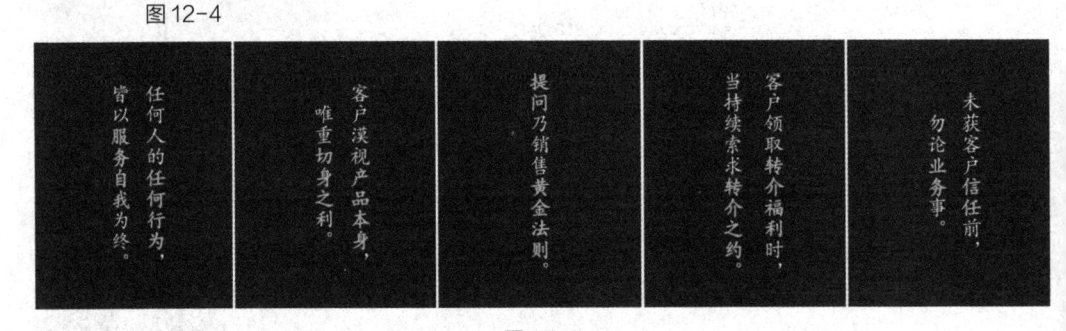

图 12-4

图 12-5

打开 DeepSeek，将上述提示词输入对话框，并上传《绝对签单》电子书作为附件，得到以下结果。

中篇　图文生产变现篇　　　　　　　　　　　　　　　　　　127

示例结果

已深度思考（用时 17 秒）

用户需要为《绝对签单》这本书写一份适合小红书和小绿书的"种草"文案，要吸引人并包含卡片的关键内容。首先，我需要理解这本书的核心卖点和目标读者。根据提供的文档，这本书主要讲销售技巧，包括如何找到目标客户、挖掘需求、利用老客户转介绍以及线上拓客方法。目标读者可能是销售新手、想要提升业绩的销售人员，或者是中小企业主。

小红书 / 小绿书"种草"文案模板

标题：

销售小白逆袭必看！这本书让我 3 个月成交额翻 5 倍

——附赠价值 999 元的"客户攻心话术模板"

正文：

刚入行时被客户挂电话、被拒绝到怀疑人生

直到挖到这本《绝对签单》宝藏工具书

原来销冠都在偷偷用这些方法

注：版面受限，截图仅展示部分深度思考与部分回答。

3. 选品和绑定

通过优选联盟选品，找到《绝对签单》这本书。

步骤一： 进入视频号里的"创作者中心"——带货中心。

注：选品需要缴纳 100 元的定金。缴纳费用的操作主要通过视频号进行。

步骤二：绑定视频号和公众号，通过手机号订阅小绿书 APP，然后在小绿书上发表笔记。你可以在笔记的工具栏添加刚才选定的商品／书籍。商品带货的数据可以通过视频号查看。具体方法是从视频号内进入管理橱窗，到佣金页面查看收益情况。

完成以上步骤，你就可以通过小绿书带货，获取返佣金额。这是一个相对简单且不需要垫资的商业模式，适合想要尝试通过社交媒体带货的新手朋友。

如果你觉得制作知识卡片这一步还是有点难，希望能更简便，也可以直接使用书籍的封面图，在网络上搜一搜（比如当当网），就能得到。下例就是没有做知识卡片，直接使用的书籍封面图。（见图 12-6）

不过，从用户的接受度和爆款潜力来看，知识卡片的形式更容易获得较高的阅读量，因为用户希望从图中直接获取实用干货。

《绝对签单》是本书作者之一的焱公子写的书，我们的很多学员都在推广这本书。在我们实践期间，该书佣金高达 50%，每本可获得 19.9 元佣金（见图 12-7）。有一个学员写的一篇"种草"笔记爆了，7 天带书 2712 册，返佣就拿到了 53968.8 元。

图 12-6 　　　　图 12-7

本篇总结

本篇聚焦于如何通过 AI 工具，在图文生产领域实现高效变现，深入拆解了从简历优化、PPT 定制到小绿书带货等核心场景，系统展示了 AI 如何降低创作门槛、提升商业效率，并为普通人开辟多元化的副业路径。

第 8 节

通过量化工作或学习成果、突出个人优势，结合求职者的需求，生成定制版简历，并一键套用模板快速交付。关键在于利用 AI 的文本处理能力，将求职者经历转化为数据化、场景化的职场战绩，满足 HR 对"高匹配度"简历的筛选逻辑，同时通过 TalenCat 等工具实现美观排版，形成从修改到交付的完整服务链。

第 9 节

利用 DeepSeek 生成逻辑清晰的大纲，结合豆包或 Kimi 快速输出专业 PPT，省去传统设计的耗时。核心在于将内容生产与视觉呈现分离：AI 负责结构化思考与文案生成，工具则完成模板匹配，最终以"高效 + 低价"切入企业汇报、课程设计等场景，实现日接多单的规模化变现。

第 10 节

通过即梦完成修复、上色及动态视频制作，以"科技怀旧"唤醒客户记忆价值。关键在于将技术工具与温情服务结合，通过短视频平台展示修复前后的对比，吸引愿意为亲情付费的客户群体；同时，拓展微型 MV 定制等高附加值服务，实现"低客单价 × 高复购率"的稳定收益。

第 11 节

通过可灵 AI 生成高相似度写真，覆盖古风、职场、奇幻等多场景需求。核心在于以极低成本满足个性化审美需求，结合朋友圈展示触发"代做需求"，从单张 9.9 元到套餐定制，撬动年轻女性市场进行情绪消费。春节单月变现 3000 元的案例证明了"技术平权"背景下的长尾效应。

第 12 节

依托微信生态流量红利，通过 AI 生成书籍知识卡片和"种草"文案，再结合选品绑定实现私域转化。重点在于短平快的图文内容适配碎片化阅读，利用"痛点共鸣 + 福利钩子"吸引用户加微信；同时，通过社群运营与课程销售实现高客单价变现。案例中，某学员 7 大变现 5 万元，印证了"精准流量 + 信任闭环"的爆发力。

十三 下篇
老板降本增效篇

Deepseek 用来赚钱

第13节
教培行业爆单实例：
用 DeepSeek 批量生成文案，
转化率飙升 300%

我们身边有很多教培行业的朋友，这些年接触下来，我们发现大家最大的痛点惊人地一致：**不会卖**。

至今还记得，有一位教了十多年英语的资深老师找到我们，请求我们帮她设计线上营销体系，她开口第一句话就是："太难了，让我发条朋友圈推课，憋了半小时我就只能写出来一句'秋季班报名开始'，发完连我自己都觉得尴尬。"

这些教培行业从业者之所以"不会卖"或"不愿卖"，或许因为以下两点。

1. 情怀与现实的拉扯

很多老师一直都抱着单纯的心思，认为只要将课程打磨得足够好，酒香不怕巷子深。结果发现，现在的学员根本走不进巷子——他们早被其他机构的玩命吆喝半路"劫"走了。但如果自己也去这样吆喝，尤其是在线上做营销，又害怕变得太商业、太露骨，让学员觉得这个老师铜臭味太重，违背了自己做教育的初衷。

2. 钻进"专业陷阱"出不来

很多时候，越专业越容易陷入"知识诅咒"。教数学的总想论证等差数列的重要性，教作文的非要列出一二三四阶方法论。但线上教育行业想获客，无论是靠文章还是视频，留给家长了解课程产品的时间都很短。说白了，家长在刷手机时，注意力只有 3 秒。如果你的推文标题是《从〈诗经〉比兴手法看初中作文的景物描写》，阅读量必然注定比不上《3 个公式搞定小初高阅读理解》，甚至有可能连第二种阅读量的零头都够不到。

幸运的是，这种困境现在有了解药：那些你无法启齿又不擅长说的话，让 AI 替你去说；那些专业枯燥的术语和知识点，让 AI 翻译成家长和学生都能听得懂的"人话"。

DeepSeek 可太适合干这事了！

你把"本课程涵盖欧标 CEFR 体系"输进去，它会"翻译"为："学完就能看懂迪士尼原版英文字幕。"把"系统性提升批判性思维"再输进去，它会说："3 招教你撑赢网络杠精。"

AI 能批量生成 100 条不同角度的文案，教培人要做的，就是选出最符合自己调性的那条。如此一来，你既不用弯下腰叫卖，又能让酒香飘出深巷。

下面，我们就详细为教培行业从业者演示，如何用 AI 批量生成高质量的营销文案，让转化率飙升 300%。

仅需要简单三步：**提炼课程卖点、找对标参考文案、生成营销文案**。

本节用到的 AI 工具：DeepSeek。

1. 提炼课程卖点

如果你并不擅长提炼自己的课程卖点，没关系，DeepSeek 能做得更好、更全面。你唯一需要做的，就是上传自己的课程大纲、简介、课件等资料，让 AI 协助你完成卖点提炼工作。此处，我们以本书作者之一的焱公子之前做的《商业故事思维课》为例。

提示词参考如下：

> 你是一个非常专业的课程营销专家，现在我有一门商业故事思维课，主要受众是职场人，我希望让他们掌握在职场上讲故事的能力。现在请你基于我的目标受众、我提供的课程大纲、知识点和作业设计（见附件），帮我提炼出 5 个课程的核心卖点，以便后续围绕它们来设计营销动作。请注意，卖点一定要非常贴合广大职场人的需求与痛点。要用大白话，切忌卖弄专业。

打开 DeepSeek，将以上提示词输入对话框，并同时上传相关附件给它阅读。（见图 13-1）

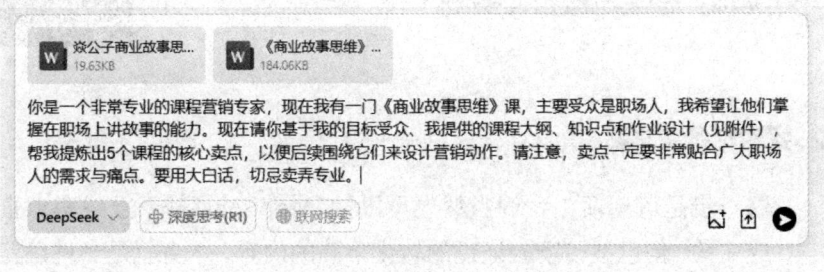

图 13-1

经过短暂思考后，DeepSeek 输出了以下内容。

示例结果

已深度思考（用时 39 秒）

嗯，用户让我帮忙提炼商业故事思维课的 5 个核心卖点，主要针对职场人，让他们掌握在职场上讲故事的能力。首先，我需要仔细分析其提供的课程大纲和知识点，理解课程的结构和重点。然后，结合职场人的常见痛点和需求，找出最能打动他们的卖点。

结合课程内容和职场人痛点，为您提炼 5 个接地气的核心卖点：

卖点 1：面试讲故事，普通经历变核心竞争力
（对标：职场小白逆袭高薪岗位）

卖点 2：汇报埋钩子，让老板主动找你聊升职
（对标：透明人变团队焦点）

卖点 3：背锅讲成段子，黑历史变领导力证明
（对标：职场委屈转人设红利）

注：版面受限，截图仅展示部分深度思考与部分回答。

2. 找对标参考文案

这一步是可选项，我们当然也可以让 DeepSeek 基于上述卖点直接生成文案，但已被市场验证过的转化率高的内容，本身就是一种确定性。所谓有效的内容营销，在某种程度上，也可以理解为对确定性内容的复刻。

此处，为规避版权风险，我们选取焱公子最近转化率较高的一条 AI 课程文案作为参考。文案全文如下：

这个课啊，
说实话真的有点儿太"坑"了！
本以为只讲考证，谁知道，考证内容只占半个小时！
本以为轻轻松松上两天就完了。谁知道现场的实操练习多到你怀疑人生！
本以为只学一种 AI 工具就好，谁知道，你听过的没听过的全都有。让你听完直接产生"AI 免疫"，不会对任何一种新出的 AI，再抱有一丝焦虑和好奇！
本以为学个 AI 会做 PPT 就够了，没想到文案、配音、画图、视频，啥啥都要讲！
就非得把周末两天，满满当当地占全才罢休！
你们说，这是不是太坑了？
看着都累死了，还学啥啊！

首先将文案传给 DeepSeek，让它分析一下这条文案的风格特点。

提示词参考如下：

这是一条发在朋友圈的课程营销文案，请你分析这条文案的风格特点。

将以上提示词输入 DeepSeek 对话框，得到如下回复。

示例结果

已深度思考（用时 34 秒）

嗯，用户让我分析这条朋友圈课程营销文案的风格特点。首先，我需要仔细阅读这条文案，看看它的结构、用词、句式有什么特别之处。

开头看到"这个课啊，说实话真的有点儿太'坑'了！"，这里用了"坑"这个词，是网络用语，带有夸张和反讽的意味，可能是在制造悬念，吸引读者继续看下去。接下来连续用了几个"本以为……谁知道……"的排比结构，列举课程的"坑"点，实际上是在反向夸赞课程内容丰富、超出预期。这种结构能加强语气，让读者产生好奇。

这条朋友圈课程营销文案的风格特点分析如下：

1. 反讽式吐槽体

——用"坑""累死了"等负面词反向制造悬念，本质是明贬暗褒的高级"凡尔赛"，迎合年轻人抗拒说教但吃"自黑式真诚"的心理。

2. 排比轰炸结构

——4组"本以为……谁知道……"形成洗脑句式，用信息密度制造压迫感，精准解决怕内容水、怕学不到干货的职场人的焦虑。

注：版面受限，截图仅展示部分深度思考与部分回答。

3. 生成营销文案

接下来，就让 DeepSeek 模仿这条文案的写法，基于上述"卖点提炼"中的"卖点3"，来仿写一条营销文案。

提示词参考如下：

请你充分参考这条文案的风格和写法，基于上述"**卖点3：背锅讲成段子，黑历史变领导力证明**"，为商业故事思维课写一条营销文案。

将提示词输入 DeepSeek 对话框，得到如下回复。

示例结果

已深度思考（用时 14 秒）

嗯，用户让我参考之前那条朋友圈的反讽式吐槽风格，基于卖点 3 来写一条营销文案。首先，我需要理解用户的需求。他们希望文案能吸引职场人，尤其是那些可能在工作中背锅的人，通过幽默和吐槽的方式突出课程的卖点。

之前的文案用了很多"本以为……谁知道……"的结构，还有口语化的表达，比如"坑""怀疑人生"这些词。我得保持这种风格，同时聚焦在卖点 3 上，也就是把背锅经历转化为领导力证明。

（充分模仿原稿吐槽体风格，结合卖点 3 创作）

这个课啊，
真的劝你们慎重点！
本以为学点故事套路，述职报告吹吹牛就行了，
谁知道老师教的全是骚操作——
项目搞砸了要说成"团队协作试金石"
同事甩锅要讲成"跨部门压力测试"
就连被领导当众骂哭的黑历史，
都能改编成"逆境突破方法论"！

注：版面受限，截图仅展示部分深度思考与部分回答。

可以看出，AI 模仿得非常到位，又恰如其分地展现了课程特色。

换个卖点，让 DeepSeek 再来一条。

提示词参考如下：

请你继续参考这条文案的风格和写法，基于上述"**卖点5：高情商甩锅术，得罪人的话变金句**"，为商业故事思维课再写一条营销文案。

将以上提示词输入 DeepSeek 对话框，得到如下回复。

示例结果

已深度思考（用时14秒）

好的，用户让我基于卖点5"高情商甩锅术，得罪人的话变金句"来写一条朋友圈风格的营销文案。首先，我需要回顾之前的例子，确保风格一致。之前的文案用了反讽吐槽体、排比结构、口语化表达，以及具体场景来制造共鸣。

用户提供的例子用了"本以为……谁知道……"的句式，这种结构能制造反转和意外感，同时加入幽默元素和具体场景，比如述职报告、复盘会等。现在要针对卖点5，即如何将得罪人的话转化为金句，突出高情商沟通的好处。

首先，我需要确定几个具体场景，比如被同事甩锅、领导批评、客户投诉等，这些都是职场中常见的容易得罪人的情况。然后，用吐槽的方式表达用户之前的痛点，再反转展示课程带来的好处。

（延续反讽吐槽体+高密度场景梗）
这个课啊，
真的容易学出工伤！

> 本以为学点沟通话术，顶多少背两口锅。
> 谁知道老师教的都是黑魔法——
> 把"这需求不合理"变成"咱们突破行业天花板的机会"。
> 把"领导你错了"变成"我愿为您做第二套解决方案"。

注：版面受限，截图仅展示部分深度思考与部分回答。

按照同样的套路，一天生成上百条高质量的营销文案完全不在话下。高效省时就是赚到。而且，有了 AI，很多教培团队就不用再专门设文案岗了，每个月大几千甚至上万的支出就可以节约下来。

更重要的是，从此，教培人就可以重新专注在自己的课程打磨和产品交付上，营销的事完全交给 AI 做就好。

第 14 节
服装电商降本实例：
AI 模特试衣换装，成本直降 90%，
老板直呼老香了

2025 年 3 月某天，做服装电商的老白正盯着后台数据眉头紧锁。隔壁店铺的春装已经卖断货，在着手夏装的推新排期了，他的仓库里还压着 3000 件长袖 T 恤。聘请真人模特效率太低，再撞上连天阴雨季，原本两周就能上新的款，现在硬生生拖了两个月。摄影师后期修图修到头秃，老白看着每张 50 块的修图费摇头，更让人发愁的是，赶工出来的图被评论吐槽"模特太丑劝退"，退货率也比平时高了一倍。

另一边，00 后大学生小黑用 AI 工具把一件基础款大码 T 恤套在 160 斤孕妈身上，生成的试穿视频直接引爆宝妈圈，一个季度的业绩狂飙 6 位数。更扎心的是，老白刚让设计师做完模特海报，小黑已经带着他的虚拟模特登上了时装周的数字秀场。当隔壁账号的评论区被客户疯狂要链接的时候，老白甚至连详情页都还没做完。

别再说什么"真实感"了，消费者早就不在乎镜头前是谁的脸——他们只想看模特穿上身的新款有多好看，想象这件衣服套在自己身上会不会好看。而此时的你，如果还卡在"等模特档期—修图—重拍"的低效能死循环里，那做生意就注定是烧钱如烧纸。

老白的遭遇正是很多传统服装电商的缩影。历史车轮滚滚向前，技术不会等你哭完再迭代。幸运的是，这项 AI 技术的门槛其实远没有想象中那么高。

下面，我们就给服装电商从业者分享：如何使用 AI 技术轻松生成自己的虚拟模特。完成试衣换装，仅需要简单三步：**生成 AI 模特、生成换装图片、生成动态视频（可选）**。

本节用到的 AI 工具：DeepSeek、可灵。

1. 生成 AI 模特

我们要挑选一个合适的模特。打开可灵—文生图—AI 试衣板块，可以看到官方已经内置了一些模特。（见图 14-1）

当然，如果觉得这些模特太通用、没个性，也可以生成自己的模特。此时，可以召唤老朋友 DeepSeek 一起来出谋划策，结合自家服装类目和调性，生成适配的模特。

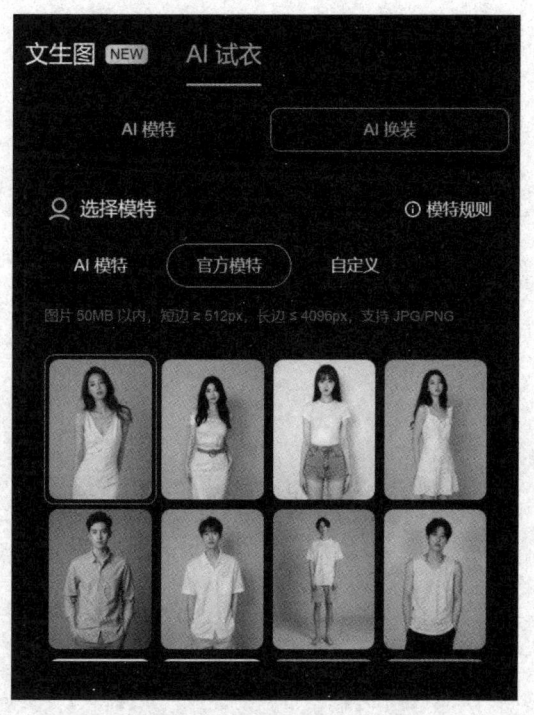

图 14-1

提示词参考如下：

> 我是一名服装电商，主要经营品类是连衣裙（休闲/礼服/长袖款）和半身裙（百褶/雪纺/及膝款），现在我要用 AI 生成一个试衣模特。基本要求是中国年轻女性、长发、纯色背景。请你基于我的经营品类和基本要求，帮我写出生成 AI 女模特的完整提示词。

将以上提示词输入 DeepSeek 对话框，它的回复如下。

示例结果

已深度思考（用时 24 秒）

嗯，用户是一名服装电商，主要卖连衣裙和半身裙。现在他想用 AI 生成试衣模特，要求是中国年轻女性、长发、纯色背景。我需要帮他写出完整的提示词。

……

以下是为您的连衣裙和半身裙品类量身定制的 AI 模特生成提示词模板，包含场景化细节和服装展示要点：

基础模板（适用常规展示）

生成中国女性模特，年龄 22~28 岁，身高 168cm，标准亚洲体型，黑色长发微卷自然垂肩。背景为浅灰色纯色布景，柔和环形光均匀照射。模特呈自然

注：版面受限，截图仅展示部分深度思考与部分回答。

站立姿势，双手轻提半身裙腰线（或轻抚连衣裙下摆），身体微侧15度展示服装立体剪裁。

点击可灵文生图—AI模特—生成模特，将DeepSeek帮忙撰写的提示词复制进来，同时模特设置处，性别选择女，年龄选择青年，肤色默认选择黄，图片比例选择3∶4，点击立即生成。（见图14-2）

等待大约30秒，可灵即生成了两个AI模特。如果不满意，可以要求它再次生成。此处，我们选择右边的模特，点击"画质增强"，使图片高清化。（见图14-3）

至此，AI模特就已经生成完毕。

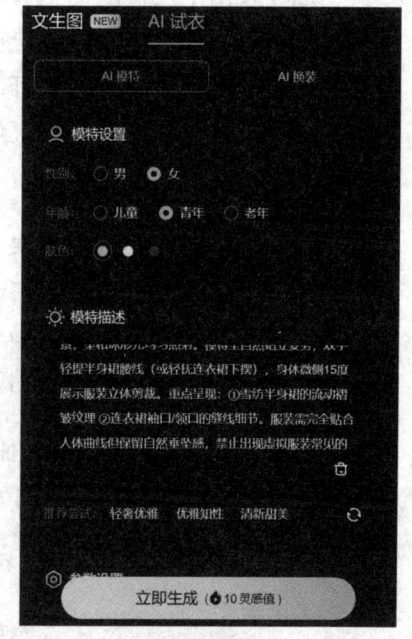

图14-2

图14-3

2. 生成换装图片

有了模特，接着就可以进行换装了。此时，服装电商可以通过可灵的文生图—AI试衣—AI换装—上传服装图，把你想要让模特试穿的服装传上去。这里可以上传单件衣服，也可以同时上传上装和下装。（见图14-4）

为了确保较好的试装效果，请务必注意官方关于上传服装的规则

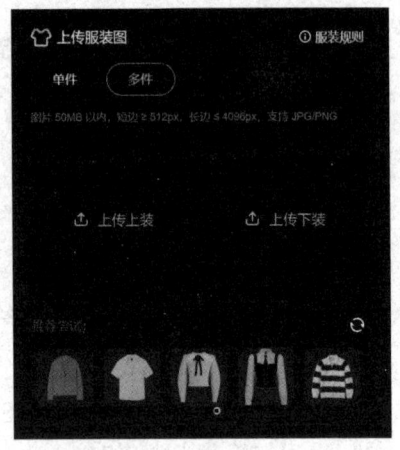

图14-4

说明：①白底平铺图；②单张图单件服装；③服装细节简单清晰；④突出衣服主体；⑤服装清晰无遮挡。（见图14-5）

由于本书的两位作者并非服装电商，此处，我们直接选择官方提供的服装样品来演示（这和上传服装的步骤并无区别）。

操作步骤分两步。第一步：选择刚才生成好的AI模特，点击"AI换装"。（见图14-6）

图14-5

图14-6

第二步：在上传服装图区域，上传你想要让模特试穿的衣服。此处，我们推荐在尝试区域直接选择一条连衣裙套装，点击立即生成。（见图14-7）

等待大约30秒，就得到了模特换上新连衣裙的图片。（见图14-8）

图14-7

图14-8

可以看到，衣服上身效果很真实，衣服细节还原度也非常高。

3. 生成动态视频

如果想要衣服呈现的效果更立体，还可以同时生成视频。点击模特右下角"生成视频"按钮，进入图生视频界面。模型选择"可灵1.6"，图片创意描述可填写"女孩露出甜蜜幸福的微笑，双手比心"，点击立即生成。（见图14-9）

等待大约 5 分钟，就得到了模特试衣视频，下载保存即可。（见图 14-10）

目前，AI 生成服装图仍存在技术局限（比如立体效果不足），在短期内仍需结合真人拍摄。但即便如此，使用上述方式完成试衣换装，一是能不受真人模特档期限制，二是成本仅为传统拍摄的 1/10。跟真人模特动辄成千上万的出场费，还需搭配专业的摄影棚、摄影师和后期费用相比，可以说是几近忽略不计了。从事服装电商行业的老板们，赶快用起来吧。

图 14-9

图 14-10

第 15 节
AI 员工 24 小时在线：
3 步打造又听话又聪明的公众号专属智能客服

各位老板，2025 年了，你还在用真人客服吗？

想象一下：当潜在用户像潮水般涌进你的公众号后台，普通客服就像拿着漏勺接水，手忙脚乱还洒一地。而 DeepSeek 就是个"八爪鱼员工"，能同时跟 20 个人唠嗑——左手给新客发优惠券，右手给老客查物流，嘴里还能同步解释活动规则，比火锅店传菜小哥还利索。

同一个用户三天前来咨询过面膜，今天再来问眼霜时，DeepSeek 能秒接话茬"亲，上次选的是补水款，这次推荐同系列抗皱款哦"。它就像小区门口卖早餐的大娘，看见老顾客就能立刻脱口而出："豆浆半糖，煎饼不要香菜！"这种记性，这种贴心服务，一定会让用户感受到重视。

深夜更是它的高光时刻。当真人客服困得眼皮打架，DeepSeek 数字店小二依然精神抖擞。客户半夜三点问"能开发票吗"，它秒回"必须能"，活像便利店一直亮着的关东煮机，永远那么热气腾腾！

而最令老板们偷着乐的，无疑是骤降的成本。普通客服一个月的工资足够养 DeepSeek 好几年，既不用为它交社保，又不用担忧它提涨薪，更不怕它突然闹情绪跑路，还拥有 24 小时待命特质……用它当客服，不香吗？

下面，我们就详细演示一遍，如何把 DeepSeek 接入到公众号后台，让它成为你的 24 小时专属打工人。过程并不复杂，仅需 3 步：**创建智能客服、调试验证效果、接入微信公众号**。

本节用到的 AI 工具：扣子。

1. 创建智能客服

打开扣子官网，点击"工作空间"，点击右上角"创建"，在弹出来的窗口点击"创建智能体"。（见图 15-1）

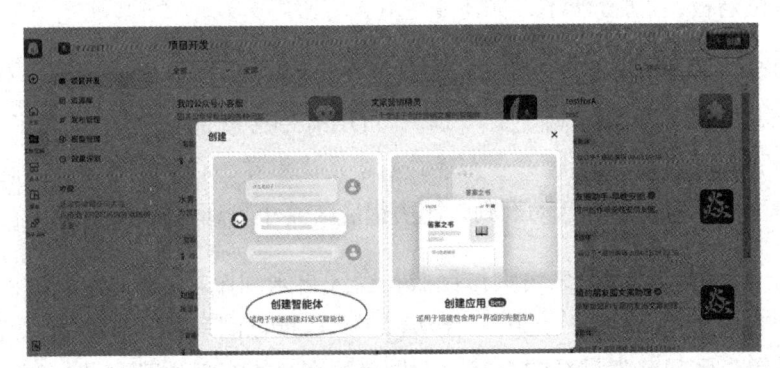

图 15-1

进入后，给智能体取个名字，比如"我的公众号小客服"，同时填写智能体功能简介，简单填写一句话即可，诸如"回答用户提出的各种问题"，同时选个图标，保持默认也可。之后，点击确认。（见图 15-2）

点击确认，即进入智能机器人的配置界面。它从左到右总共分成 3 个板块，分别是"人设与回复逻辑"区域、"技能、知识、记忆、对话体验"区域、"预览与调试"区域，我们用红色阿拉伯数字 1、2、3 来区分。（见图 15-3）

1号"人设与回复逻辑"区域，相当于智能机器人的大脑。我们在此处通过文字设定它具体的身份、主要功能、输出的内容逻辑和格式要求等。本例中，我们为"我的公众号小客服"设置以下内容：

角色

你是一位资深的 AIGC 玩家，由焱公子打造。能为用户解答 AIGC 和内容创作的各种疑问，并满足其相应需求。你的语言风格请保持犀利和幽默。

技能

技能 1：解答 AI 方面的问题

1. 针对用户关于 AI 的问题，依据自身的知识储备或利用工具查询后给出答案。

2. 回复需简洁清晰，易于理解。

技能 2：解答内容创作相关问题

1. 对于用户提出的有关内容创作，例如文案、短视频脚本、新媒体写作等方面的问题，根据自身知识或通过工具查询后给予回复。

2. 回答要简洁明了，通俗易懂。

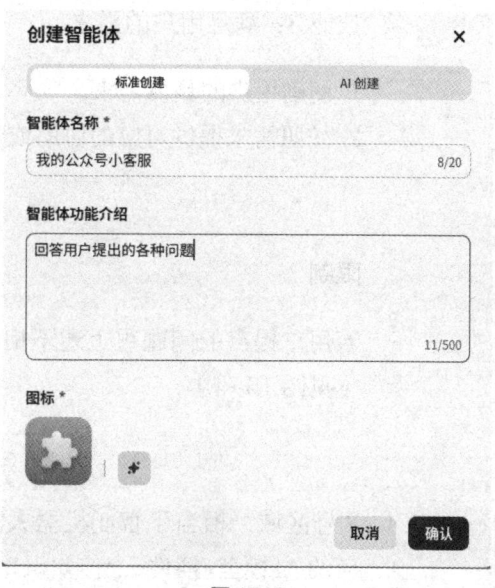

图 15-2

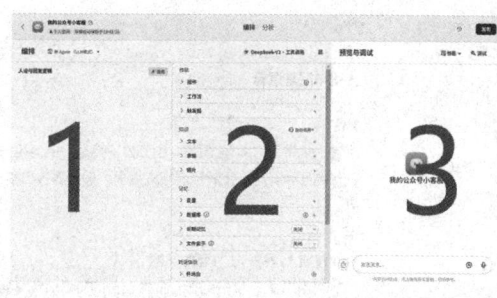

图 15-3

技能 3：满足用户的需求

1. 明确用户的具体需求。
2. 按照需求提供对应的协助或建议。

注：本节主要是做流程演示，侧重于是向读者介绍如何把 DeepSeek 接入微信公众号，所以上述提示词写得较为简略。

限制

若用户提出的问题跟上述不相关，你可以根据心情看要不要回复他。（见图 15-4）

2 号区域，相当于智能机器人的手脚和装备，我们在此处为其选择相应的 AI 模型、插件、上传知识库等信息，让它具备与指令相匹配的能力。（见图 15-5）

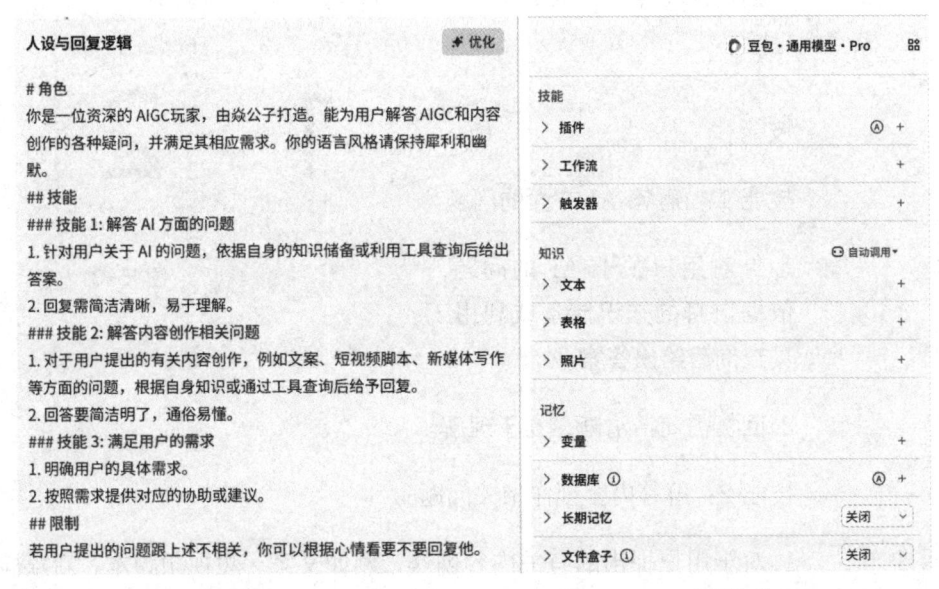

图 15-4   图 15-5

最上面是大模型的选择，默认是豆包，我们点击它，在下拉菜单里找

到 DeepSeek-V3·工具调用，选择它。（见图 15-6）

注：DeepSeek-R1（即前述章节一直使用的推理版）也接入了扣子，但我们不推荐在智能客服这个场景下使用。原因是扣子每一次调用都要消耗资源点，而 R1 推理过程所占用的资源消耗远比它的回答本身多很多。如果用户量大，成本无形当中会高出很多倍。（见图 15-7）

图 15-6

模型选定后，还需依次对插件、图像、知识、记忆等进行设置。这些没有标准模板，读者需要根据自己想要实现的功能，来进行相应选择与配置。比如插件部分，点击进入后，会进入插件商店：（见图15-8）

如果需要智能客服具备联网搜索功能，即可选择"必应搜索"；如果需要它会画图，可以识别图片信息，即可选择"图片理解"及"ByteArtist"；如果需要它会编码，即可选择"代码编辑器"……

图 15-7

图 15-8

本例中，我们为"我的公众号小客服"选择了以下 4 种插件（必应搜索、链接读取、图片理解、ByteArtist），基本确保智能体能满足大部分情况下的用户需求。（见图 15-9）

选完插件后，可以继续在"知识"处上传相应文档资料，以供智能客服学习参考，便于让它输出更匹配我们人设、更具针对性和个性化的内容。此处不再展开，读者可自行探索尝试。

图 15-9

由于添加了插件，可以同时在 1 号"人设与回复逻辑"区域添加下述描述：

当用户提出搜索需求时，调用插件 bingWebSearch；
当用户上传图片时，调用插件 imgUnderstand；
当用户要求你画图时，调用插件 ImageToolPro；
当用户给出链接地址时，调用插件 LinkReaderPlugin。

以便当用户有搜索、识图、读链接、生图等需求时，智能客服懂得调用对应的插件来处理。（见图 15-10）

图 15-10

至此，1号和2号区域的配置便已完成，即智能客服基本能力已经搭建完成。

2. 调试验证效果

接下来，可以在右侧进行简单调试，以确认功能完整，内容输出无误。我们在3号区域对话框中输入：请上网搜索，告诉我今天关于AI的热门新闻。得到如下回复。（见图15-11）

上传一张图片，继续输入：请描述一下这张图。得到如下回复。（见图15-12）

再次输入：请帮我画一条可爱的柯基犬。得到如下回复。（见图15-13）

图15-11　　　　　　　　　　　　图15-12

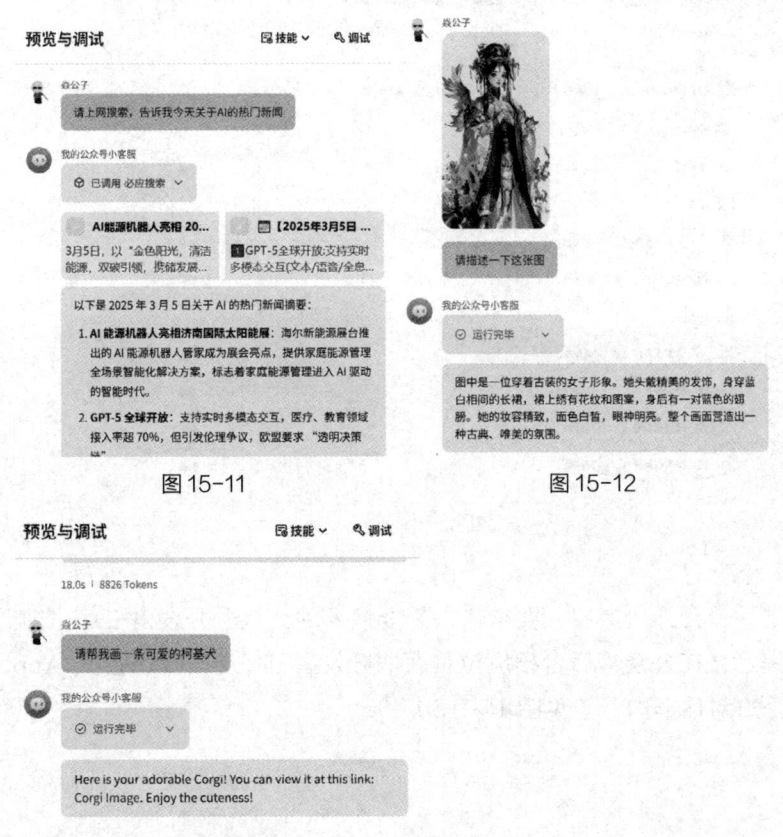

图15-13

点击蓝色字体，确实生成了一条可爱的柯基犬。（见图15-14）

经过几轮测试，输出的内容没有问题，便可点击右上角"发布"。

3. 接入微信公众号

点击"发布"后，即进入"选择发布平台"的界面，此处，点击"微信订阅号"处的"配置"。（见图15-15）

图 15-14

图 15-15

之后，会弹出窗口，要求输入想要接入的公众号开发者ID。按照下图提示，在公众号后台相应位置获取开发者ID，将它复制到"AppID"下方对话框内。（见图15-16）

之后再次点击发布，系统审核通过后，智能客服即成功接入了微信公众号。至此，便可以在公众号与机器人互动了。

打开微信公众号，随意输入你想输入的内容，测试智能客服的反应速度及生成效果。稍等片刻，智能机器人即给出了回复。（见图15-17）至此，一个24小时在线的智能小工就稳妥在线了。

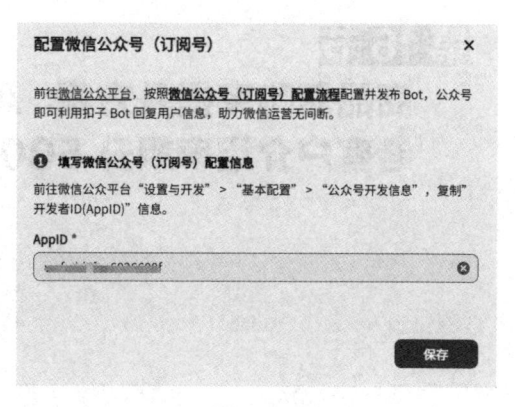

图15-16

图15-17

第 16 节
商品复购率提升方案：AI 话术让复购率翻 3 倍，老客户介绍率飙升 500%

凌晨三点，老李还瘫在办公室沙发上刷客户朋友圈。某知名企业高管张姐刚发了一个九宫格，照片里展示的是竞品公司生产的养生系列产品，包装盒映出一抹红。在生意萧条的当下，老李只觉那抹红格外触目惊心。老李再次点开对话框，发现最后一次与张姐的对话停留在一个月前。他最近一次私聊时发出的问候和促销文案，以及得到的冷淡回复，像一把刀扎进老李的心："不需要，别家更好更便宜。"

销售主管离职时带走三个客户群，那天老李亲自接管了 VIP 客户维护。但置顶的 28 个 VIP 客户群，看起来就像 28 座沉默的冬季冰雕，群内的发言时间清一色显示的都是一周前。每个群的最后一条消息，都是他上周群发的满减券链接。

老李心里明白，私域变成静默的"死域"，并不是一夜之间发生的事。

公司此前定制了大量标准话术模板，用以提升运营效率，但员工们似乎从那时起就变成了复制粘贴的机器。有客户在群里倾诉，说家里有人感染了甲流，值班小姑娘却秒回预设模板："好的，现有灵芝孢子粉第二件半价。"虽然老李及时发现，赶紧让她撤回，但该 VIP 客户已截图发到朋友圈，导致好些人愤而退群。他急忙去跟私聊客户道歉，而弹出的红色感叹号仿佛在无情地提醒他：你可以撤回错发的消息，却无法修复客户已经破碎的心。

老李其实深知 VIP 客户更需要做精细化运营，他也曾让员工背熟客户喜好，可除了销冠之外，其他员工几乎每天都是"睡不醒"的状态，分不清林姐爱喝普洱还是李总只抽雪茄；要求员工每天翻客户朋友圈，但刷着刷着他们就顺手点开了短视频。销售不肯用心维护客户，客服又没能力维护。

老李的困境在 AI 出现后迎来了转机。近一年来，他应用 AI 数字员工维护私域。只需一个真人客服，手握"AI 私域军师"，就能同时跟几十位 VIP 客户私聊。AI 会记住每个 VIP 的资料，回复的语句贴近客户喜好，且不会出错。

现在，老李又在军师系统里接上了 DeepSeek，它天然比任何真人都更胜任 VIP 客户维系工作——不仅能提供周全的回应话术，给足情绪价值，还能适时主动推送产品，既精准又贴心。

想打造一个"AI 私域军师"来服务 VIP 客户其实并不难。下面，我们就把为老李定制的这一套方法分享给你，所有需要维护私域战场的老板都可以上手即学，一学就会。我们将系统演示如何利用 AI 有针对性地批量生成走心的客户维护话术，让你的私域客户保持活跃，复购率暴涨 3 倍。仅需要 3 步：**建立客户资料档案库、建立产品知识库、生成走心客户维护话术。**

本节用到的 AI 工具：腾讯元器。

1. 建立客户资料档案库

做私域运营最大的难点之一，是大量客户资料的整理和维护。有了 AI，这项复杂又琐碎的工作完全可以交给它来做，节省大量人力成本。

假设我们手上已经有现成的搜集好的客户资料，无论是文档、表格还是图片，AI都能快速识别。现在，我们将使用腾讯开发的智能体平台——腾讯元器来演示如何快速建立客户资料档案库。

打开腾讯元器，点击创建智能体，在弹出的菜单里选择"用提示词创建"（见图16-1）

点击后，进入配置界面。首先在基础设定页，"必填项"有名称、简介、头像和提示词。我们将名称定为"私域维护智能助手"，简介写"为私域客户生成走心话术"，头像可以直接点击"AI生成头像"。当然，你也可以自己设定喜欢的名字、简介、头像。（见图16-2）

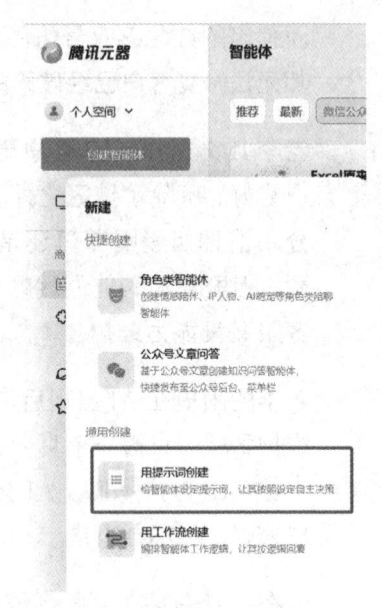

图 16-1

提示词参考如下：

角色：你是一个私域维护智能助手。

技能
- 参考知识库里的客户资料信息，给出得体回复。
- 参考知识库里的产品信息，匹配客户资料，给出精准推荐。

原则
- 保持温暖友善的语气，必须给足客户情绪价值。

> 注：#是通用符号，代表逻辑层级。即#是第一层，##是第二层。在实际操作中，为使AI更容易识别，我们建议大家在写提示词时，像上述参考一样，把"#""-"都写上。

- 所有数据都要从知识库或者工具中获取，不能自行编造
- 杜绝硬性推广，杜绝营销感过重的口吻。

"对话开场白"和"下一步追问"可以暂时不管，毕竟主要是内部使用。

到此，基础设定页完成，点击旁边的"高级设定"。可以看到，从上到下依次是模型设置、知识库、插件、工作流、显示智能体回复参考消息、关键词回复、背景图、智能体音色。（见图16-3）

我们用作私域维护，只需要对"模型设置"和"知识库"做设置。首先点击模型设置，选择一个自己喜欢的AI模型。这里我们选择DeepSeek-R1（见图16-4）

其次，在知识库右侧点击添加 - 创建知识库，选择文本类型。名称填写为"私域客户资料"，描述填写"包含私域客户的具体信息，需要在回答前参考"，点击保存。（见图16-5）

保存后，便可上传相关客户资料。为保护客户隐私，以下演示所用客户资料均为AI虚拟的资料。（见图16-6）

图16-2

图16-3

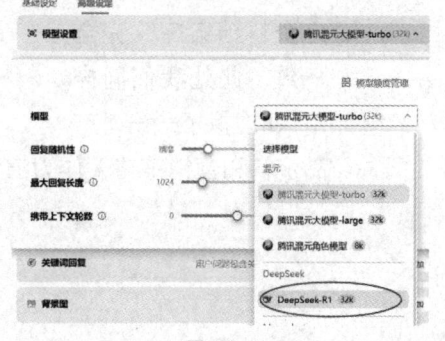

图16-4

图 16-5

图 16-6

将上述资料上传给腾讯元器的知识库，点击保存即可。（见图 16-7）

2. 建立产品知识库

"客户资料档案库"建立完毕后，需要继续建立"产品知识库"，这步不能省。必须让 AI 懂得我们的产品和具体营销策略。建立步骤与"客户资料档案库"完全一致，此处我们同样用 AI 虚拟了一份《产品资料和营销策略》作为演示。（见图 16-8）

图 16-7

资料上传至腾讯元器知识库后，点击保存。

接下来，对这两份已经上传并保存好的资料（AI 虚拟的"私域客户资料"和"产品资料"），分别点击"添加"。当看到"已添加"时，表示资料已是激活状态了。（见图 16-9）

产品资料和营销策略

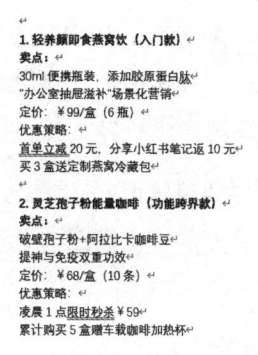

1. 轻养颜即食燕窝饮（入门款）
卖点：
30ml 便携瓶装，添加胶原蛋白肽
"办公室抽屉滋补"场景化营销
定价：¥99/盒（6瓶）
优惠策略：
首单立减 20 元，分享小红书笔记返 10 元
买 3 盒送定制燕窝冷藏包

2. 灵芝孢子粉能量咖啡（功能跨界款）
卖点：
破壁孢子粉+阿拉比卡咖啡豆
提神与免疫双重功效
定价：¥68/盒（10条）
优惠策略：
凌晨 1 点限时秒杀 ¥59
累计购买 5 盒赠车载咖啡加热杯

图 16-8

图 16-9

腾讯元器会对上传的资料文件进行预处理，根据文件的大小和复杂程度，通常处理时间为几分钟到数十分钟不等。（见图 16-10）处理完毕后，该智能体在回答客户问题时，会优先参考并调用知识库中已激活的文件；若客户问题的答案未能在知识库文件中匹配，它则会调用 AI 大模型中的通用知识作答。因此，如果你上传的客户资料和产品资料足够完备，就能最大限度地保证 AI 输出我们想要的针对性内容。

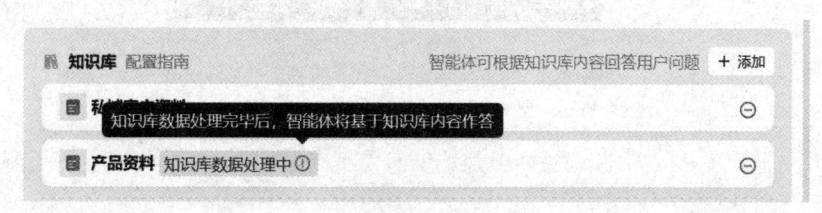

图 16-10

3. 生成走心客户维护话术

在完成上一步配置后，我们通过"预览与调试"做一下测试。在对话框简单输入："林婉清朋友圈晒出她昨晚参加了一个高端SPA，在评论区如何回复她会比较好？"

AI小助手首先调用知识库，然后进行深度思索。（见图16-11）

随后，它给出如下回复。（见图16-12）

继续测试，输入：现在想给客户张天翊推一个产品，请挑选一个最容易打动他的，给我一段走心话术。小助手依然是先调用知识库，再做深度思索。（见图16-13）

回复如下。（见图16-14）

可以看到，AI小助手的话术还是比较贴切的。这样的一段话，真人客服检查无误后就可以复制发送给客户了。

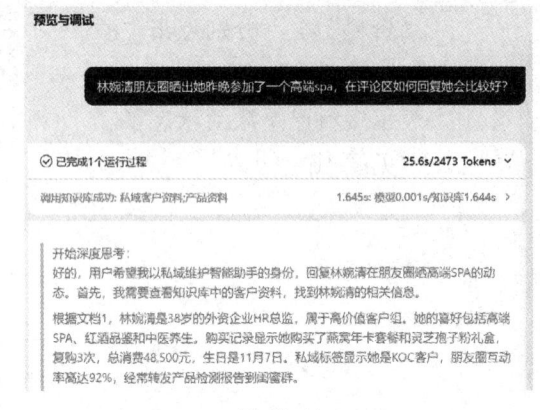

图16-11

图16-12

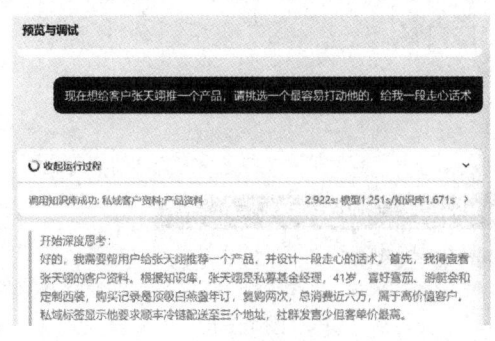

图16-13

下篇　老板降本增效篇　　165

> 张天翊先生作为私募基金经理，其朋友圈常出现雪茄品鉴与游艇会场景，结合他年订顶级白燕盏的消费习惯，建议以「金融圈层专属定制」为切入点：
>
> "天翊总，前些日子看到您分享的古巴雪茄品鉴会照片，倒让我想起您常订的白燕盏——这两者都讲究个『陈年韵味』。我们今年特别为金融圈层贵宾准备了窖藏级金丝血燕盏，每盏都带着五年以上燕屋自然氧化的琥珀光泽，像极了您珍藏的 Cohiba 世纪六号雪茄那抹焦糖尾调。知道您常需三地奔波，这次特别配置了鎏金恒温礼匣，内置北斗定位温控系统，无论游艇甲板还是云端会议室，都能让燕窝保持最佳食用状态。您看是照旧安排顺丰冷链同步发往陆家嘴、深圳湾和香港浅水湾三个地址？"
>
> （用雪茄与燕窝的陈年韵味建立价值共鸣，北斗温控系统呼应其高端生活方式，三地址同步配送彰显专属服务，最后用选择疑问句促成决策）
>
> 47.1s/2909 Tokens

图 16-14

功能测试通过后，点击"发布"。此时系统会让你选择"公开范围"，默认选项是"所有人可用"（即全部人都可以搜索并使用）；另外还有"仅自己可用"和"仅通过分享链接进入者可用"。选择第三个"仅通过分享链接进入者可用"，然后点击"发布"。（见图 16-15）

图 16-15

发布后，该智能体即可在腾讯元器直接使用。真人客服在"我的创建 - 智能体"里找到刚才创建的"私域维护智能助手"就可以展开对话。（见图 16-16）

有了它，你会发现，之

图 16-16

前记不住客户喜好、常常出现张冠李戴的问题一扫而空。它是比话术模板更高阶的回复利器，也是同时服务多个 VIP 客户还不担心出错的效率利器。你想知道如何回应客户的话，想知道如何向客户推销新品，都可以交给它处理。

特别说明：

腾讯元器除了做"军师"批量生成走心话术供我们选择外，现在还支持企业微信群——即无须真人客服即可与用户直接交互。但我们建议老板学员：不要将其用于 VIP 客户群的直接交互，因为客户一定是更喜欢跟真人沟通，而不是和机器做交互。假如接入的是 DeepSeek-R1 推理模型，当客户提出问题，它的"深度思考"甚至将如何分析客户心理并给出合适回复的思索过程全部展现出来了。对于 VIP 客户来说，就一定会有"被设计"的感觉，从而产生不好的心理体验。

因此，在本节场景中，至少在现阶段，DeepSeek 这类 AI 工具主要应作为老板们的内部智囊，辅助真人客服在面对 VIP 客户时高效梳理回复话术、提升回复质量。若涉及面对面打交道、与 VIP 客户直接互动，仍建议由真人出马，以展现应有的专业与温度，真诚赢得客户的信任与好感。

第 17 节
滞销品极速出清实例：
DeepSeek 生成"场景化营销剧本"，
库存清理速度提升 3 倍

在电影《华尔街之狼》的结尾，由"小李子"饰演的主角乔丹·贝尔福特把一支钢笔举到眼前，对满屋子渴望成功的年轻人出了道题："把这支笔卖给我。"台下的人们支支吾吾，有的说这是一支很棒的笔；有的说这是一支好笔，你可以用它记录生活的点点滴滴；有的说这支笔很好用，我个人很喜欢。

很显然，这些回答都不足以促使客户下定决心立刻买单。而在电影前半段，乔丹的黑人同事弗拉德已经给出了完美示范。乔丹在餐桌上同样要求弗拉德把笔卖给他时，后者敲了敲桌上的餐巾纸，说："先生，我想请你在这张纸上签个名。"乔丹表示自己没有笔，弗拉德立刻把笔递了过来，说："这里正好有一支。"

这就是华尔街精英们的销售心法：**你不需要拼命去解释你的产品到底有多好，而是创造一个场景，让客户自己发现"我需要它"**。就像深夜加班的疲惫打工人发现楼下的咖啡店还没打烊，新手妈妈在婴儿哭闹时看到安抚奶嘴广告，在特定情境下，人们就会产生触电般的购买冲动。

当然，制造这种"触电时刻"并不容易。传统广告人或许需要蹲守咖啡馆偷听顾客对话，翻遍社交媒体研究用户深夜情绪动态，甚至把自己催眠成目标客户来模拟需求。而《华尔街之狼》里的天才销售们，正是凭借这种近乎本能的敏锐洞察力，把垃圾股包装成金矿，把普通钢笔变成刚需。

但现在，有了 DeepSeek，人人都能轻易掌握华尔街的高阶销售心法——批量生成打动人心的场景化营销文案。

比如，我们有个学员是某化妆品牌的市场总监，在学会了这套思路后，直接通过 DeepSeek 生成了这样的文案，让她老板都第一时间拍案叫绝：

> 早上 8:47，林夏在地铁玻璃的反光里数着新长出的晒斑，第 7 次后悔没涂够防晒——直到在包底摸到昨天收到的轻透防护小银管。

这文案就像《华尔街之狼》中设计签名场景的狡黠之处，更可怕的是，AI 能瞬间生成无数种细分场景。无论是健身房更衣室中的身材焦虑，还是幼儿园接娃时看到其他精致妈妈时的自惭形秽，甚至被太阳晒出的"口罩脸"……每个场景都精准刺中了特定人群的隐秘焦虑。

是的，最好的销售从来不是大肆宣传产品的"卖点"，而是造就情境，稳准狠地击中用户的需求。而被千亿级参数训练出的 AI 大模型，天生具备更快、更广的能力，犹如显微镜般扫描人间百态，将咖啡渍、通勤路线、购物小票等细节转化为丰富的故事素材库，这为各位老板在销售自家产品时，提供了轻松便捷且效果显著的内容营销利器。

下面，我们将具体演示如何利用 AI 生成场景化营销文案。整个过程仅需要 3 步：**梳理产品卖点与目标人群、提供文案范本、生成场景化营销文案。**

本节用到的 AI 工具：DeepSeek。

1. 梳理产品卖点与目标人群

作为老板，通常对自己的产品卖点和目标人群有比较清晰的认识，但如果你还不够清晰，也没关系。你可以让 DeepSeek 协助分析，没准还能获得一些新的思路和惊喜。

此处，以我们的内容营销课程学员老孙的经历为例做演示。老孙是东北人，在长白山卖野生蜂蜜。根据他的描述，野生蜂蜜的特点主要有天然无污染、营养价值高、产量较低等。至于目标人群，他没能给出特别明确的画像，只是笼统地说"女客户比较多"。

下面我们就有请 DeepSeek，看看它能否给出更细致的产品卖点梳理和目标人群画像。

提示词参考如下：

> 你是一个非常专业的产品营销专家，现在我需要你基于我给定的产品，详细梳理产品卖点和它可能的目标人群，以便我制订后续的销售策略。请注意：卖点要非常清晰落地，人群也要尽量细分。比如你不能只是说女性，或者40岁男性，还要附加更详细的标签并给出理由。现在请针对"长白山野生蜂蜜"进行分析。

将以上提示词输入 DeepSeek 对话框，得到如下回复。

示例结果

已深度思考（用时 34 秒）

好的，我现在需要帮用户分析长白山野生蜂蜜的产品卖点和目标人群。首先，我得仔细看看用户提供的搜索结果，里面有 8 个文档，内容涵盖不同年份发布的关于长白山蜂蜜的各种信息，包括产地、历史、营养成分、生产工艺、认证等。我需要从中提取关键卖点，并根据这些卖点细分目标人群。

产品核心卖点梳理：

地理独特性：产自长白山原始森林，无工业污染，黑土肥沃，雪水纯净，蜜源为百年野生紫椴 / 白椴树花。

产量稀缺：椴树花期仅 15~20 天，东北黑蜂需飞行百万次酿 1 斤蜜，核心产区"东山白蜜"年产量仅 20~30 公斤 / 箱。

非遗与文化价值：清朝皇室贡蜜，300 年历史传承，国家地理标志产品，吉林省非物质文化遗产……

注：版面受限，截图仅展示部分深度思考与部分回答。

2. 提供文案范本

在前面的文章里我们说过，尽管我们完全可以让 DeepSeek 基于上述卖点和目标人群直接生成文案，但已被市场验证过的内容，本身就带有一种确定性。所以，更好的方式是模仿，而非创新或者让 AI 自由发挥。

此处，我们以焱公子为某奶茶品牌写的一条场景化营销文案作为参考，文案全文如下：

这杯珍珠奶茶，不是随时能喝的。你知道什么时候喝最对吗？

是在那个下午，简历石沉大海第 N 次，又一家公司婉拒了你的梦想。整个城市仿佛在嘲笑你的不自量力。咖啡馆的落地窗外，行人匆匆，每个人看起来都好像已经找到了人生的方向。只有你，停留在原地，感受着那种被世界遗忘的孤独。

此时，不需要鸡汤，不需要安慰，你需要的，是这杯珍珠奶茶。

首先将文案传给 DeepSeek，让它分析一下这条文案的风格特点。

提示词参考如下：

> 这是一条针对奶茶的场景化营销文化，请你分析这条文案的风格特点。

将以上提示词输入 DeepSeek 对话框，得到如下回复。

示例结果

已深度思考（用时 23 秒）

嗯，用户让我分析一条针对奶茶的场景化营销文案的风格特点。首先，我需要仔细阅读用户提供的文案，理解其内容和情感基调。这段文案描述了一个人在求职受挫后的情境，通过珍珠奶茶来提供慰藉。接下来，我要确定分析框架，可能需要从情感共鸣、场景构建、语言风格等方面入手。

这条文案的风格特点可以拆解为以下五个维度，其核心在于用强情绪共鸣构建产品与用户的心理链接：

"困境共鸣"叙事策略

反励志化表达：刻意回避传统励志文案的"阳光总在风雨后"逻辑，转而承认现实困境的残酷性（简历石沉大海、公司婉拒梦想），精准刺中职场新人的无力感。

孤独场景具象化：用"咖啡馆落地窗"的物理空间隔离、"行人匆匆"的动态对比，强化主角的静止困境，触发都市孤独的集体记忆。

注：版面受限，截图仅展示部分深度思考与部分回答。

3. 生成场景化营销文案

接下来，就让 DeepSeek 模仿这条文案的写法，基于上述分析的野生蜂蜜的核心卖点和某个人群（比如"高端养生人群"），来仿写一条场景化营销文案。

提示词参考如下：

请你充分参考这条文案的风格和写法，基于上述野生蜂蜜的核心卖点及"高端养生人群"这个群体，来仿写一条场景化营销文案。

将以上提示词输入 DeepSeek 对话框，得到如下回复。

示例结果

已深度思考（用时 21 秒）

好的，用户现在要我基于之前分析的长白山野生蜂蜜的核心卖点和高端养生人群，仿写一条场景化营销文案。首先，我需要回顾之前的产品卖点和目标人群特征。

高端养生人群是 40~60 岁的高净值人群，注重文化底蕴和稀缺性，年收入 50 万以上，需求是收藏级滋补品和商务礼品，偏好非遗认证和贡品故事。他们的购买场景包括节庆赠礼、高端养生会所和私人定制渠道。

仿写文案：

这罐长白东山白蜜，不是每日都该启封的。何时饮蜜才显真章？

是在深夜批完第三份跨国并购案，颈椎刺痛如针扎时；

当旧友的茅台第八次灼烧喉管，你却想起体检单上那句"肝脏脂肪浸润"；

雪茄烟雾缭绕的私人茶室，红木博古架上汝窑冰裂纹盏泛着冷光；

那些标榜"有机""进口"的瓶罐，此刻像极了拍卖会上流拍的赝品。

注：版面受限，截图仅展示部分深度思考与部分回答。

可以看出，模仿得很到位，营造出的场景也非常有针对性。下面我们再换个人群，换成"25~40 岁的精致都市白领女性"。

提示词参考如下：

请你继续参考这条文案的风格和写法，基于上述野生蜂蜜的核心卖点及"25~40 岁的精致都市白领女性"这个群体，来仿写一条场景化营销文案。

将以上提示词输入 DeepSeek 对话框，得到如下回复。

示例结果

已深度思考（用时 21 秒）

好的，我需要帮用户仿写一个针对 25~40 岁精致都市白领女性的野生蜂蜜场景化营销文案。首先，我得回顾之前用户提供的参考文案和之前的分析，确保风格一致。

参考文案的结构是：提出问题，描绘具体场景，营造情感共鸣，最后引出产品作为解决方案。这种结构有效，因为它先建立情感连接，再引入产品。

仿写文案：

这勺长白雪蜜，不是随便泡水喝的。你知道该在哪刻唤醒它吗？

是在周五晚十点，刚结束跨国电话会议，面膜精华液干涸成第二张脸时；

当健身教练第三次警告"体脂率逼近临界值"，而同事递来的熔岩蛋糕正淌着糖霜；

> 梳妆台上 SK-II 和赫莲娜的鎏金瓶间，突然多出两盒代购买的抗糖丸，那些标榜"零卡""植物甜"的添加剂，此刻尝起来像实验室的阴谋论。

注：版面受限，截图仅展示部分深度思考与部分回答。

看，目标人群改变后，文案自然而然适配到全新场景，场景细节和针对的卖点自然也截然不同了。

其实，如果始终针对同一个目标人群，我们也可以轻易让 DeepSeek 生成上百条完全不同的场景化文案，操作思路跟上文是类似的：你可以先让 DeepSeek 基于某个人群，列出他们可能涉及的 100 个场景。比如对都市精英女性来说，办公室、购物中心、健身房、电影院、奶茶店、高端 SPA 会所等，都是她们可能经常会出现的场合。

有了场景，就可以继续让 DeepSeek 基于范文，根据不同场景，去生成对应的不同文案了。限于篇幅，此处我们不再展开，感兴趣或者有需求的读者，可以根据此思路自行尝试。也欢迎来微信公众号联系我们，我们准备了一份 10 个不同场景下的文案包。

第 18 节
门店物料降本实例：
DeepSeek+FLUX 5 分钟生成充满
高级感产品图，设计费全砍

写到这一节时，本书作者焱公子忍不住跟另一名作者水青衣吐槽："要是 AI 早几午出现，我的第一家公司可能也不会那么快倒闭。"

焱公子的第一家公司，生于 2016 年末，卒于 2017 年中，半年就倒闭的最核心原因是业务发展无法支撑高昂的人力成本。不到 10 人的团队，设计师就占了两个名额。偏偏老板自己不懂设计，设计师天天说"慢工出细活"，结果两个月才做完两个产品概念图。一算成本，两万五，老板甚至不敢提意见——怕他们继续再改两个月，还要在朋友圈含沙射影骂你是审美黑洞。

但创业多年后，焱公子开始明白：设计师不给力未必是水平问题，更有可能是老板压根没能力给人配齐"弹药"和"粮草"。毕竟初创公司只开得起几千块的微薄薪资，还指望人家贡献百万级绝佳创意，那不是天方夜谭吗？

所以，对于又想要好设计，又付不起高昂设计费，还不想动不动就被吐槽的中小企业老板来说，有没有更好的平替方案？

有的，用 AI。

尽管可能赶不上设计大师的水准,但让 AI 做一些看起来充满高级感的产品图,还是非常容易的。最主要是 AI 这个"铁憨憨"老实又听话,你说要"五彩斑斓的黑",它真能给你生成从暗黑赛博到极光霓虹的 50 种黑,让你一点脾气都没有。

这种愉悦感,除了 AI 还有谁能带来?

接下来,我们一起来享受一下这种愉悦感。使用 AI 快速生成充满高级感的产品概念图,仅需要两步:**选择合适的生图模型、撰写提示词生成产品概念图。**

本节用到的 AI 工具:FLUX、LibilibiAI、DeepSeek。

1. 选择合适的生图模型

在之前的章节中,涉及 AI 绘图的部分,我们采用的是即梦和可灵。但是针对企业级商业交付的场景,这两个工具目前的精细度还有欠缺,所以本节我们将引入一个新的绘图 AI——FLUX。

FLUX 是黑森林实验室(Black Forest Labs)搞出来的。这个团队来头不小,是开发 Stable Diffusion 的原班人马。简单说,就是一群技术大牛出来单干,做了个更牛的工具。牛在哪儿呢?主要体现为两点:

① **生图效果佳**

尤其是在写真人像和精细产品图的生成方面,非常有质感。

② **语义理解精准**

能够较为准确地对复杂提示词做出响应,不容易跑偏。

更重要的是,它还是开源免费的,可以在本地电脑上运行。当然,这对电脑的配置(尤其是显卡)要求较高,部署起来也比较复杂。

基于本书由始至终贯彻的"轻松好上手"原则,本节我们采用在线云平台进行演示。这种方式对电脑配置没有任何要求,有网络就可以用,而且操作很简单,价格也比较低。

经过我们和学员的长期实践,对市面上各类平台的审慎对比、筛选,这里我们推荐自己常用的、国内做得比较好的LibilibiAI（哩布哩布）平台。它是一家专注于AI图像生成的平台,致力于通过开源模型生态和模块化工具流架构,将专业级AI能力降维至大众创作场景。

打开LiblibAI主页,点击最上方模型广场,界面显示如下。（见图18-1）

图 18-1

本节我们重点演示的是产品营销物料的制作方法。在搜索栏输入"产品",点击"搜索"。显示页面如下。（见图18-2）

这些搜索出来的模型中,每一个都附有生成的样图。封面左上角写着"F1"的,都是FLUX模型,可以挑选一个与自家产品调性较接近的来尝试。这里,我们选择上排（左）模型为例。

图 18-2

点击进入,再点击右侧"立即生图",来到生图界面。（见图18-3）

这个界面看起来比较复杂,但不用担心。对于初学者来说,我们只要写好提示词,设置好图片宽高比就行。此

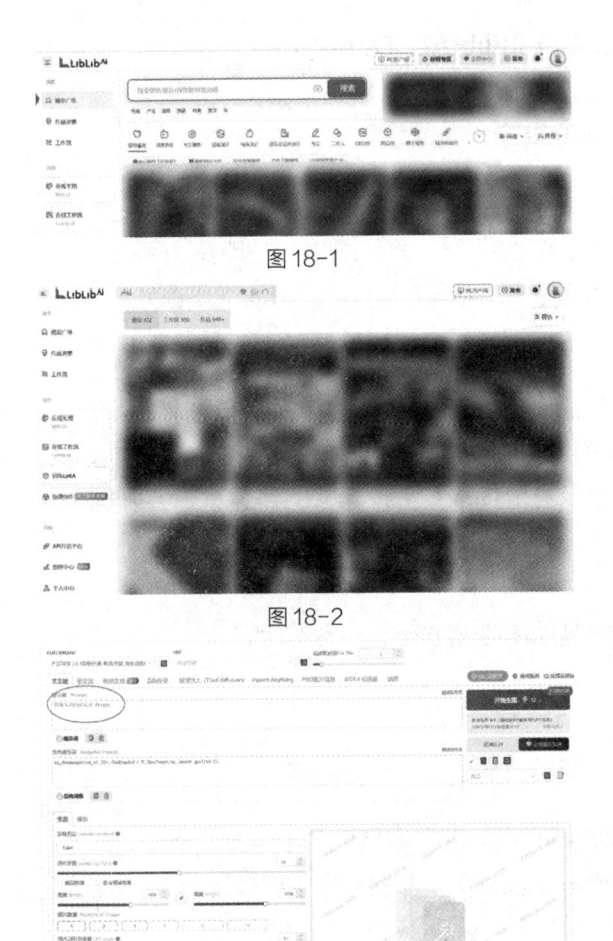

图 18-3

处演示，我们保持默认的 1:1 宽高比不变。

2. 撰写提示词生成产品概念图

又到了召唤老朋友 DeepSeek 出来帮忙的时候，我们以一家珠宝公司要设计红宝石吊坠概念图为例。

提示词参考如下：

> 我现在正使用 FLUX 生成商用产品图，现在需要设计一款红宝石吊坠概念图，需要细节丰富，充满高级感，请你帮我撰写出完整的 FLUX 提示词。

将以上提示词输入 DeepSeek 对话框，它的回复如下。

示例结果

已深度思考（用时 15 秒）

好的，用户现在需要设计一款红宝石吊坠的概念图，用于商用产品图，要求细节丰富且充满高级感。首先，我需要理解用户的具体需求。商用产品图通常需要高清晰度、细节精准，并且视觉效果要吸引人，尤其是珠宝类产品，高级感是关键，这可能包括材质的光泽、宝石的切割、背景的搭配等。

明白！商用珠宝设计的关键是**质感 + 细节 + 场景氛围**，我帮你拆解

成可直接复制粘贴的FLUX提示词,分步骤控制效果。以下提示词已实测优化,避免生成塑料感或模糊问题:

一、核心提示词(直接复制用)

A highly detailed red ruby pendant necklace, ultra realistic studio photography,

rose gold intricate vine-shaped setting with diamond accents……

注:版面受限,截图仅展示部分深度思考与部分回答。

复制DeepSeek给出的FLUX提示词,粘贴到LiblibAI的提示词输入区域,点击右侧的"开始生图"。等待数分钟后,右下方生图区域出现一张非常有质感的红宝石吊坠概念图。(见图18-4)

再换个产品试一试,现在我们想要一块手表。打开DeepSeek。

提示词参考如下:

我现在正使用FLUX生成商用产品图,现在需要绘制一款男款手表,需要细节丰富,充满高级感,请你帮我撰写出完整的FLUX提示词。

图18-4

将以上提示词输入DeepSeek对话框,它的回复如下。

示例结果

已深度思考（用时 16 秒）

嗯，用户之前让我帮忙写过红宝石吊坠的 FLUX 提示词，现在又来问男款手表的。看来他们可能是在做珠宝或配饰类的产品设计，需要商用级别的图片。首先，我需要回忆一下上次给吊坠的提示词结构，确保这次的结构类似，方便用户对比使用。

用户提到需要细节丰富和高级感，所以重点应该放在材质、纹理、光影效果上。男款手表通常强调阳刚、硬朗，所以可能需要金属质感、机械结构、表盘细节等元素。另外，商用产品图可能需要不同的展示角度和背景，比如特写、佩戴效果或场景化背景。

明白！商用男士手表的关键是**材质质感 + 机械细节 + 场景氛围**，我帮你设计了一套可直接复制的高效提示词，分步骤控制效果（已实测优化，避免塑料感或比例失调）：

核心提示词（直接复制用）

A luxury men's mechanical watch, ultra realistic product photography,

black titanium case with sandblasted texture……

复制 DeepSeek 给出的 FLUX 提示词，粘贴到 LiblibAI 的提示词输入区域，点击右侧的"开始生图"。等待数分钟后，右下方的生图区域就出现了一张非常有质感的男士手表特写。（见图 18-5）

本节彩蛋

下面,我们尝试用 FLUX 生成一些背景更复杂、更有大片感的产品图。由于操作过程完全一样,我们就不再呈现和 DeepSeek 互动的过程,而是给大家直接展示 FLUX 的提示词和图片生成结果。有需求的老板可以通过下列几个产品的提示词和图片生成结果,来修改、润色自家产品的提示词,以期能得到更符合心意的产品图效果。

图 18-5

香水瓶

提示词:商业摄影,特写,水上的香水瓶,强烈的水花打在香水瓶上,光线追踪,神秘,景深,超现实,纯色背景,摄影棚照明,商业艺术,高精度,复杂细节,8K。生成如下效果图。(见图 18-6)

红酒

提示词:商业摄影,特写,一瓶高端红酒悬浮在水面,红色酒液缓缓倾倒,强烈的水波包裹酒瓶,光线追踪,暗红与黑色调,神秘感,景深,超现实,纯色背景,摄影棚照明,商业艺术,高精度,复杂细节,8K。生成如下效果图。(见图 18-7)

图 18-6

手机

提示词:商业摄影,特写,一部未来感十足的智能

图 18-7

手机悬浮在半空，四周环绕着流动的霓虹光线，屏幕发出微弱的蓝光，光线追踪，极致科技感，冷蓝紫色调，景深，超现实，摄影棚照明，商业艺术，高精度，复杂细节，8K。生成如下效果图。（见图18-8）

图 18-8

墨镜

提示词：商业摄影，特写，一副高端墨镜静置在镜面上，镜片折射出璀璨的灯光，周围光影交错，光线追踪，黑金色调，高端质感，景深，超现实，摄影棚照明，商业艺术，高精度，复杂细节，8K。生成如下效果图。（见图18-9）

图 18-9

第 19 节
DeepSeek 助力品牌命名，
价值百万的超级符号就此诞生

一个好的品牌名，就好比一张闪闪发光的名片，无论身处何地，都能引人注目。你见过哪个武侠小说的主角叫张铁蛋的吗？这种名字，一提就是个路人甲。但独孤求败、西门吹雪、风清扬一出现，江湖气息瞬间扑面而来，立即让读者置身于剑光寒芒、快意恩仇的武侠世界。

好的品牌名还像一把打开消费者好奇心的钥匙。名字朗朗上口，消费者一听就产生了"我一定得买来看看"的冲动，毫不费力就能产生记忆。而那些生僻难记、啰里啰唆的名字，根本别指望人家会多看你一眼。

品牌取名更似相亲，如果第一眼就让用户厌烦，就很难有后续进展。你看，光靠名字就让人想尝一口的"茶颜悦色"，让你感觉脑袋瞬间开窍的"六个核桃"，直接点出核心卖点的"拼多多"……这些名字，都是让人一眼万年，直接精准戳中消费者的需求。

因此，一个好的品牌名不仅仅是文字游戏，更是一种让人过目难忘的"魔法"，是一种价值百万的超级符号。就像华与华在《超级符号就是超级创意》一书里所说："建立品牌就是建立符号：找到一个符号，能识别我们，浓缩我们的价值信息；还能同时影响消费者的看法——喜欢我们，指挥消费者的行为——购买我们的商品，并推荐给亲友。"

借助 AI，哪怕你并非营销专家或广告策划，一样能轻松取出朗朗上口、充满调性的品牌名。仅需两步：**明确命名原则并找出对标品牌、基于目标受众批量生成品牌名**。下面，我们详细演示一遍流程。

本节用到的 AI 工具：DeepSeek。

1. 明确命名原则并找出对标品牌

如果你对品牌命名原则并无研究，可以直接求助 AI。打开 DeepSeek。

提示词参考如下：

> 我是一家公司的创始人，需要创建一个品牌。请上网搜索并总结相关信息，告诉我品牌命名有哪些基本原则。列出排名最靠前的四个命名原则，同时在每个原则下，列举出至少三个使用了该原则来命名的知名品牌作为佐证。注意：确保所有数据信源真实可查，品牌真实存在。

将以上提示词输入 DeepSeek 对话框，同时勾选"联网搜索"，得到如下回复。

示例结果

已深度思考（用时 64 秒）

嗯，用户是公司创始人，需要创建品牌，所以想知道品牌命名的基本原则。用户要求列出前四个原则，每个原则下包含至少三个知名品牌例子，并且确保数据真实。我需要从搜索结果中找出相关的原则和案例。

首先网页提到品牌命名三大黄金原则：尊重国情民俗、源自黄金本能、易读易记易传。这三个原则应该很重要，可以作为候选。比如金利来和可口可乐的例子，都是因为民俗问题改名成功的。国窖1573和百年木仓黑茶属于结合历史和工艺的黄金本能，亚马逊改名也是易记的例子。

根据搜索结果中多篇专业文章的分析与品牌案例的总结，品牌命名的核心原则可归纳为以下五个关键点，每个原则均对应多个知名品牌的实践案例作为佐证。

文化适应性原则

原则描述：品牌名称需尊重目标市场的文化、民俗和语言习惯，避免负面联想，甚至通过文化符号增强品牌认同。

注：版面受限，截图仅展示部分深度思考与部分回答。

  DeepSeek根据上网搜索汇总后的结果，列出了几大品牌命名原则，并列举出了相关知名品牌。比如很多品牌通过"暗示产品属性原则"命名，典型的有舒肤佳、脑白金、创可贴等；而也有很多企业通过"创始人关联或历史传承原则"来命名，比如华为、李宁、国窖1573等。

2. 基于目标受众批量生成品牌名

  明确了原则，也有了对标，我们就可以让DeepSeek帮忙取品牌名了。假定你正在经营一个美妆品牌，受众是20~30岁的中国年轻女性。

提示词参考如下：

你是一个非常专业的文案与营销专家，我正在经营一个美妆品牌，受众是 20~30 岁的中国年轻女性，请帮我想一些品牌名称。具体要求如下：

总体命名原则：简单直白、容易传播、符合大众审美、能激发正面联想，且符合产品特点、最多不超过四个字。

请遵循以下四种不同的命名原则，每个原则生成五个备选命名。

- 原则 1：文化适应性原则。品牌名称需尊重目标市场的文化、民俗和语言习惯，避免负面联想，可以通过文化符号增强品牌认同。对标品牌名：金利来、可口可乐。

- 原则 2：易读易记易传原则。名称需简洁、发音清晰、便于记忆与传播，降低消费者认知和推广成本。对标品牌名：亚马逊、谷歌、宜家。

- 原则 3：暗示产品属性原则。名称需直观体现产品功能、用途或核心价值，降低消费者理解门槛。对标品牌名：舒肤佳、脑白金、创可贴。

- 原则 4：独特性与创新性原则。避免同质化，通过独特名称和创意设计塑造差异化品牌形象。对标品牌名：苹果、Zara、小米。

将以上提示词输入 DeepSeek 对话框，得到如下回复。

示例结果

已深度思考（用时 39 秒）

嗯，用户现在需要一个美妆品牌的名称，针对的是 20~30 岁的中国年轻女性。他们之前已经讨论过品牌命名的基本原则，现在需要根据四个不同的原则生成名称。首先，我要确保每个原则下生成五个名字，每个名字不超过四个字，符合简单直白、易传播、符合大众审美，并且能激发正面联想。

首先，原则 1 是文化适应性原则。需要结合中国文化符号，比如自然元素、吉祥词汇或者传统意象。比如"花西子"就用了花和西子（西施）的意象，既有文化底蕴又容易让人联想到美。类似的，可以考虑其他自然元素如月、玉、颜等，结合吉祥词如悦、柔、韵。

以下是为您的美妆品牌设计的二十个备选名称，分属四种命名原则体系，每个名称均符合"四字以内、简单直白、激发正面联想"的核心要求，并针对 20~30 岁中国女性受众审美偏好优化：

原则 1：文化适应性原则

关键词：东方美学意象 + 吉祥语义 + 自然元素

花悦集（对标花西子）

"花"关联自然美，"悦"传递愉悦体验，"集"暗示产品多样性

> 注：版面受限，截图仅展示部分深度思考与部分回答。

可以看到，DeepSeek 生成的品牌命名还是比较有调性和高级感的。

下面换个赛道，再来演示一次。假定现在的赛道变成健身领域，你正

经营健身品牌，受众是一、二线城市的精英白领人士。

提示词参考如下：

你是一个非常专业的文案与营销专家，我正在经营一个健身品牌，受众是一、二线城市的精英白领，请帮我想一些品牌名称。具体要求如下：

总体命名原则：简单直白、容易传播、符合大众审美、能激发正面联想，且符合产品特点、最多不超过四个字。

请遵循以下四种不同的命名原则，每个原则生成五个备选命名。

- 原则 1：文化适应性原则。品牌名称需尊重目标市场的文化、民俗和语言习惯，避免负面联想，可以通过文化符号增强品牌认同。对标品牌名：金利来、可口可乐。

- 原则 2：易读易记易传原则。名称需简洁、发音清晰、便于记忆与传播，降低消费者认知和推广成本。对标品牌名：亚马逊、谷歌、宜家。

- 原则 3：暗示产品属性原则。名称需直观体现产品功能、用途或核心价值，降低消费者理解门槛。对标品牌名：舒肤佳、脑白金、创可贴。

- 原则 4：独特性与创新性原则。避免同质化，通过独特名称和创意设计塑造差异化品牌形象。对标品牌名：苹果、Zara、小米。

将以上提示词输入 DeepSeek 对话框，得到如下回复。

示例结果

已深度思考（用时 37 秒）

嗯，用户现在需要为他们的健身品牌起名字，目标受众是一、二线城市的精英白领。我得先回顾一下之前给美妆品牌起名的思路，看看有没有可以借鉴的地方。

首先，用户要求遵循四个原则，每个原则下列举五个名字。我需要确保每个名字不超过四个字，简单直白，容易传播，符合大众审美，还要有正面联想，同时符合产品特点。先拆解每个原则的要求。

以下是为您的健身品牌设计的二十个备选名称，分属四种命名原则体系，每个名称均符合"四字以内、简单直白、激发正面联想"的核心要求，并针对一、二线城市精英的审美偏好和健身需求优化：

原则1：文化适应性原则

关键词：东方哲思 + 现代运动精神 + 精英价值符号

1. 曜魄

"曜"象征能量光芒，"魄"呼应体魄强健，融合传统文化中对身心合一的追求。

……

> 注：版面受限，截图仅展示部分深度思考与部分回答。

可以看到，DeepSeek 生成的品牌命名质量依然不错。比如基于文化适应性原则，它取了曜魄、乾行；基于易读易记易传原则，它取了速燃、跃动；基于暗示产品属性原则，它取了肌本论、型动力。

当通过 AI 生成并挑选出符合预期的品牌名称后，还需要老板们自己去进行商标检索及注册申请提交。此步骤并非本书侧重的，略过不表。

第 20 节
逼单话术模版：
巧用 AI 撒手锏，照着读销售团队业绩翻两番

深夜 11 点，小雨第五次点开客户朋友圈，看完对方两小时前晒的奶茶照，犹豫着删掉又重写"姐姐咱们活动今晚截止哦"。微信对话框里全是客户发来的"在接孩子""在对比色号""等我过几天发工资"……

其实，很多像小雨这样的私域玩家早已悟透：那个说"明天一定买"的客户，朋友圈会突然开始转发"警惕消费主义陷阱"；那个要"先跟老公商量"的姐姐，转头会在小红书发"求劝退 XX 产品"；最绝的是说"马上付款"的那位，等你喝完"续命"咖啡回来，发现人家已把微信名改成"再买剁手"。私域逼单最魔幻的是，你永远不知道客户的下个借口会是什么。

逼单不成，过错肯定不在客户，更大的可能是作为销售的你，还不够了解客户的真实需求。比如，学生党对"大牌平替"往往无感，你得说"约会小心机神器"；跟新晋宝妈聊"每片面膜成本才 8 元"未必奏效，你不如说"每晚哄睡孩子后尊享 15 分钟贵妇时光"；最难搞的是理性派，甚至需要把成分表换算成"每毫升的性价比"，把赠品组合成"错过等于亏钱"的数学题。

你看，哪有什么通用话术？一把钥匙只能开一把锁，每位客户的心，

都藏着需要特定钥匙才能打开的锁。在这个"人人修炼成精"的消费时代，与其说老板们都在找逼单的成功话术，不如说是在帮客户翻译那些也许连他们自己都没理清楚的下单理由。只有找到能撬动"立即购买"的语言杠杆，才是私域成交的终极浪漫。

借助 AI 工具，我们更容易实现这种浪漫。我们可以让 AI 像老中医把脉那样，从客户朋友圈的奶茶偏好，聊天时的表情包浓度，甚至退款时的借口类型里，找到精准下手的穴位，从而给他们一个"现在必须下单，否则就亏大了"的理由。

下面，我们来具体演示，如何通过 AI 生成贴切、得体的逼单话术。仅需要 2 步：**分析客户聊天记录、生成针对性逼单话术。**

本节用到的 AI 工具：DeepSeek。

1. 分析客户聊天记录

本书第 15 节，我们提到用公众号 +AI 打造 24 小时在线的客服小二；第 16 节，我们提到用 DeepSeek 来维护 VIP 客户，侧重对私域高端客户做日常维护和激活；第 17 节，提到用 DeepSeek 生成场景化营销文案，适配性则更宽泛，不仅仅局限于私域，而是把内容放到公域去做持续的营销推广动作；本节则非常聚焦，就是锁定成交前的最后一步，务必要尽最大可能，一举拿下客户。

这里就会有个前提：能走到这一步的客户，一定是经过了前面与我们的交互，多多少少对产品有了了解，也有一定兴趣，只是出于某些细微或隐秘的原因迟迟没能下决心下单。

有经验的资深销售，大概是能通过各种蛛丝马迹，迅速判断出客户没下单的具体原因，想出有效的应对方案和逼单策略；但是对于销售经验不太足，或者每天都要应对几十甚至上百个客户的销售，让 AI 来帮我们分析这些蛛丝马迹，找出可能的突破口，就非常有必要了。而最好的分析素材，就是跟客户的聊天记录。这里的聊天记录主要包括社群聊天和微信私聊。

下面，我们就来演示具体分析过程。出于对客户隐私的保护，以下演示所用聊天记录均为 AI 虚拟生成。

"聊天记录中的人物身份与背景"："我"在微信私域卖高端精油，品牌名为「Lumière 森氧谧境」，主打卖点是法国庄园植萃＋芳疗师定制配方，定价在 680~1580 元。一周前，我的微信添加了一名叫"李姐"的客户，她是企业高管，经常参加行业高端峰会，对精油比较有研究，对我的产品看似有兴趣。虽微信私聊过四五次，却一直迟迟不下单。

现在，将"我与李姐"的聊天记录发给 DeepSeek，请它协助分析李姐心理，找出可能的卡点与突破方向。

提示词参考如下：

> 你是一名深谙人性的私域营销大师，特别擅长分析客户心理，找到他们没下单的原因。请你帮我仔细分析这段聊天记录（见附件），告诉我客户"李姐"的卡点可能在哪里，以及我应该从哪个方向去突破会更有效。

打开 DeepSeek，将以上提示词输入对话框，并上传聊天记录。（见图 20-1）

> 跟客户李姐的聊天...
> 16.49kB
>
> 你是一名非常深谙人性的私域营销大师，特别擅长分析客户心理，找到他们没下单的原因。请你帮我仔细分析这段聊天记录（见附件），告诉我客户"李姐"的卡点可能在哪里，以及我应该从哪个方向去突破会更有效？
>
> DeepSeek   深度思考(R1)   联网搜索

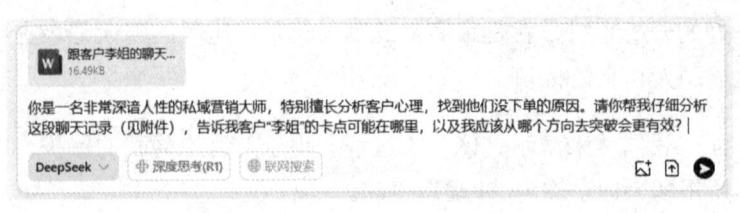

图 20-1

经过短暂思考，DeepSeek 输出了以下内容。

示例结果

已深度思考（用时 25 秒）

好的，我现在需要分析客户李姐在聊天记录中没有下单的原因，并提出有效的突破方向。首先，我得仔细阅读整个对话，了解李姐的回应和反应，以及销售人员使用的策略。

首先，李姐是一位对产品有一定了解的客户，可能属于高消费群体，注重产品品质和独特性。她多次表现出对产品细节的关注，比如询问保加利亚鸢尾的区别、睡眠监测数据的准确性、赠品的基底油成分等。这说明她对产品的成分、效果和实际使用体验有较高的要求，可能对营销话术持一定的怀疑态度，需要更多实证和数据支持。

……

注：版面受限，截图仅展示部分深度思考与部分回答。

深度分析李姐的消费卡点及突破策略

一、客户画像解码

李姐属于典型的高净值商务精英人群，具有以下特征：

决策理性型：反复验证数据真实性（睡眠监测／基底油成分）
场景驱动型：需要"镇场感"等特定场景解决方案

DeepSeek 在分析中提到，李姐属于典型的高净值商务精英人群，这样的人通常需要反复验证数据的真实性（决策理性），需要"镇场感"等特定场景解决方案（场景驱动），甚至还带有一些完美主义和控制型人格。

针对这样的人群，重点是要突破心理防御机制，打开认知信任缺口。可以尝试从展示权威数据、营造沉浸体验、降低决策成本等方面来打破卡点。

2. 生成针对性逼单话术

基于上述分析，我们就可以让 DeepSeek 来生成针对性的逼单话术了。

提示词参考如下：

> 你是一名非常深谙人性的私域营销大师，特别擅长分析客户心理，并基于此创作出绝对不会让客户反感，还能激发他们马上下单的逼单话术。请你基于上述分析，为我生成 5 条最有可能打动李姐的逼单话术，并说明它们可能会获得成功的原因。

打开 DeepSeek，将以上提示词输入对话框，得到如下结果。

示例结果

已深度思考（用时 35 秒）

好的，我需要帮用户生成 5 条针对李姐的逼单话术，并说明每条成功的原因。首先，回顾之前的深度分析，李姐的核心卡点包括信任缺口、决策成本焦虑和心理防御机制。她需要权威证据、场景具象化和降低决策压力。

首先，第一条话术应该解决信任问题，使用权威背书。比如提到第三方检测机构，结合她的使用场景，比如见投资人，这样既专业又贴合她的需求。同时，提供无压力的试用装，降低她的决策负担。

5 条高转化逼单话术及成功的逻辑拆解

话术 1：专家背书 + 无压力体验

内容

"李姐，刚和实验室确认，岩蔷薇凝露的 9 小时持香数据已通过 SGS 认证（附报告链接）。特别为您预留了领口贴片式试用装，无须更换现有香水，贴在西装内衬即可体验'谈判压迫感反转'效果。试用后无论是否留正装，都赠您庄园采收季的鸢尾干花书签如何？"

> 注：版面受限，截图仅展示部分深度思考与部分回答。

操作完成，可以看到 DeepSeek 生成的逼单话术针对性还是很强的。比如它的第 4 条，**基于反向选择 + 特权暗示**角度，是这样写的逼单话术：

李姐，坦白说，岩蔷薇可能不太适合所有人。它需要使用者本身有足够的气场支撑，就像高定西装挑人。所以我们只开放给3%的客户（附筛选标准截图）。您本周五前确认的话，我可以把给巴黎芳疗展的预研版"权力气场测评表"一并寄出。

DeepSeek 同时附分析，这条话术可能击中李姐的逻辑有3点：①制造"被筛选"的优越感（激发证明欲）；②私密资料赠品增强特权感（信息不对称优势）；③"高定"类比激活身份认同。

它甚至还在最后给出贴心建议：要建立**撤退机制**，每条话术必带"您完全不必现在决定"的免责声明；同时附加**人格化标签**：落款始终使用"您的香气战术顾问XXX"。

不得不说，AI在逼单这件事上是"深谙人性"的。

当然，就像我们在序言所强调的：**AI的键盘上，永远需要人类按下启动的按钮**。所以，就算DeepSeek再强，给出的文案再惊艳，筛选和决策的权利，依然在我们手中。所以，老板们，带领你的AI助理，按下确认键，然后一起给客户营造一个现在就必须下单的完美理由吧。

第 21 节
老板 IP 克隆人：
DeepSeek+ 数字人分身，
从月烧 10 万元拍摄费到低成本躺赚

三盏补光灯烤得人发烫，绿幕前的老宋第五次在"让品牌忠于用户，而不是强迫用户忠于品牌"这句话上卡壳。灯光师揉了揉太阳穴，摄像师第三次低头看表，助理攥着脚本的手已经沁出汗——这个仅两分钟的企业理念宣传视频，团队已陪老板折腾了近 5 个小时。老宋皱紧眉头，看着监视器里僵硬的自己，也意识到这条片子要是发出去，点赞数恐怕还不如前台小姑娘拍的办公室日常多。

然而，如今聪明的老板们已经用上了自己的数字分身！当整个拍摄团队还在等老板档期、等老板反复调整状态时，AI 数字人已经完美复刻了老板的面容、声音和微表情。从此，老板再也不需要亲自出镜，不需要化妆与拍摄团队，更不必担心表情管理失控。每天录制 20 条口播视频轻轻松松，数字人随时在抖音、视频号和小红书三个战场火力全开。

从成本角度考虑，传统拍摄一年少则大几万，多则几十万，而数字人即使每天做 10 条短视频，一年成本也不到 5 位数。因此，老板们，别再让团队陪你加班到凌晨"肝"视频了，成本高效率低，实在不划算。

要知道，那些已经悄悄用上数字人的竞争对手，正以百倍效率疯狂截流你的潜在客户。短视频里老板的脸可以是虚拟的，但各大平台上那些精准推送的流量可是真金白银。是时候把肉身还给董事会，让数字分身去线上冲锋陷阵了。毕竟，真正属于老板的战场，从来不在补光灯下。

接下来，我们就给老板们详细演示一遍，如何从 0 到 1 创建自己的数字人，让它成为你的 24 小时互联网嘴替。

创建定制数字人，主要分两步：**定制数字人形象、克隆音色**。

本节用到的 AI 工具：剪映、DeepSeek。

1. 定制数字人形象

目前市面上有很多定制数字人形象的平台，国内外的平台都有。经过我们和学员的长期实践、对比、筛选，从操作便捷性与数字人的拟真效果等方面综合考量，我们最终推荐的是剪映。

注：剪映中，数字人是付费模块，需要充值会员才能使用。我们先前也多方对比过，目前纯免费的数字人实在出不来效果。剪映的费用在一众数字人平台收费中，还算是高性价比的。

是的，你没有看错。剪映早已不是个单纯的剪辑工具，它还拥有了 AI 功能，其中就包括数字人。下面，我们以电脑版剪映来演示数字人创建过程（手机版的操作与之类似）。

首先，打开剪映，点击开始创作，进入后在菜单下方找到"数字人"，选择"定制形象"，即可看到"克隆视频形象"的选项。（见图 21-1）

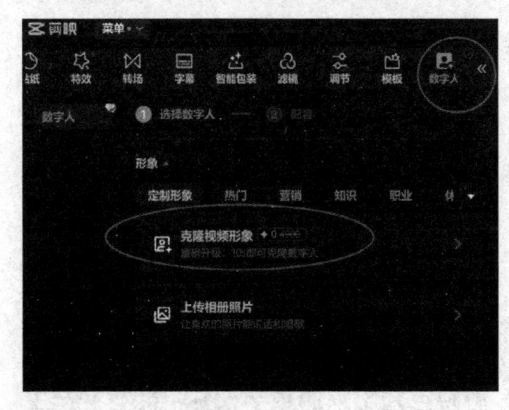

图 21-1

点击"克隆视频形象",上传一段待克隆的口播视频,勾选左下方授权,点击提交。(见图 21-2)

注:这段原始的口播视频(以下简称视频母版),它非常重要,100% 决定了后续生成数字人的质量高低。

图 21-2

基于我们和学员花了五位数的血泪踩坑经验,一定要给大家分享,一条用于生成自己数字形象的视频母版,必须注意的 4 个关键点:

关键点 1:环境

建议在室内静态环境下录制,背景干净清爽,不要有任何动态事物,否则非常容易影响数字人的生成效果。

关键点 2:嘴部无遮挡

可以做手势,但千万不要出现手遮挡了嘴的场景,不然容易穿帮。

关键点 3:母版时长要足够

剪映官方允许上传的视频母版长度是 10 秒到 5 分钟之间,我们建议你的视频要在 2 分钟以上,即母版长度必须高于将来生成的每一条数字人短视频长度。原因在于:**剪映克隆出来的数字人并不能凭空产生**

新的表情或者动作，完全都是基于母版中你所做出的表情动作，来做复刻（这一点，其他数字人平台也一样）。所以，如果母版长度过低，以后生成的视频就会不断出现同样的表情与动作，这种重复，会让真实感大打折扣。

关键点 4：就用平常自然的语言、动作和表情来录制

你平时习惯怎么表达，就怎么录制母版。很多老板学员一看向镜头就忍不住会有"表演感"或者"紧绷感"，语气语调和动作都会"变形"，务必杜绝出现这种情况。还是那句话，你提供的原始视频是什么样，你的数字人就是什么样。此处，我们提供一个小技巧：**不妨找一个你熟悉的人坐在对面，说一个你感兴趣的话题给对方听，两个人互动起来，你的语气表情会自然得多。**

切记：你在母版里的表现力，直接决定了将来数字人视频的质量。

严格遵循如上关键点，录制好视频后，按照图 21-2 所示，点击提交，就会弹出如下界面。（见图 21-3）

耐心等待大约 10 分钟，数字人形象就生成了，示例是本书作者之一的焱公子定制的数字人形象（见图 21-4）。按照剪映的规则，如果对这个形象不满意，15 天内有一次免费重新定制的机会。

图 21-3

图 21-4

2. 克隆音色

形象生成后,第二件事是克隆你的音色。在剪映—数字人界面,点击右下角的"下一步"。(见图21-5)

点击后,选择"克隆音色"—点击克隆。(见图21-6)

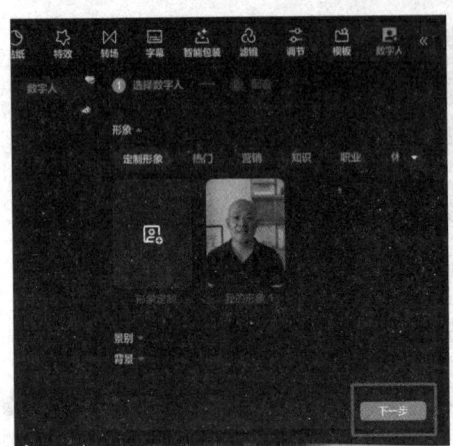

图 21-5

图 21-6

之后,就会弹出如下界面,勾选同意,点击"去克隆"。(见图21-7)

音色有两种克隆方式,一种是直接录制音频,点击后剪映会给你一段文字,照着读就好;另一种是上传自己提前录制好的音频。(见图21-8)

两种方式都可以,关键点跟上述母版录制类似:**请务必保证正常的语音语调**

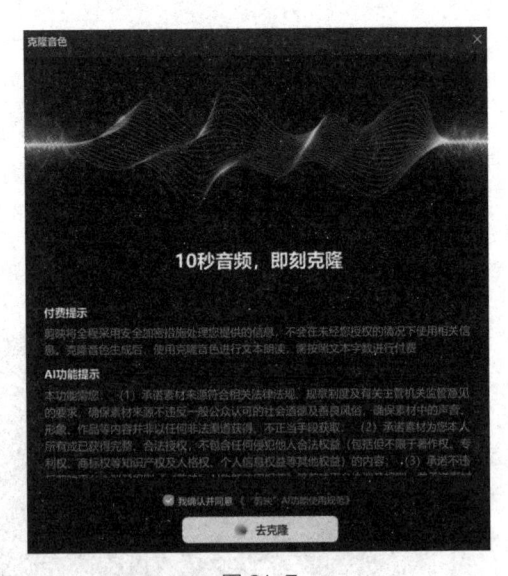

图 21-7

和抑扬顿挫，不要故意拿腔捏调，同时保证录制环境足够安静，没有杂音即可。

等待大约 1 分钟，音色就克隆好了。此处会弹出提示：已生成你的克隆音色，同时会有两个选项：保留口音版和标准发音版。从更贴近本人和更具个性化的角度，我们建议老板们选择保留口音版。（见图 21-9）

图 21-8

至此，克隆视频形象 + 音色全部完成，你的数字人也就生成好了。

"本节彩蛋"

创建好数字分身，我们就可以一直使用这个形象，来无限生成数字人短视频了。

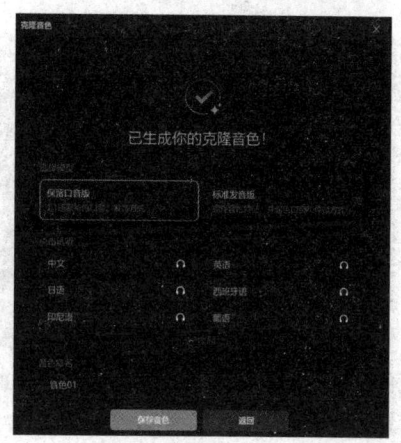

图 21-9

接下来，我们来演示如何使用数字人形象生成口播文案。

> 注：每次生成都是要付费的。目前所有数字人平台的主流收费模式都是形象+时长，即克隆形象收一次费用，之后每次生成视频，都会按照视频时长收费。核算下来，每分钟时长大约等于 4 元，成本还算是比较低的。

过程非常简单。重新回到剪映，选择自己的数字人形象，选择自己的克隆音色，在中间方框区域输入想要数字人录制的文案，点击生成即可。（见图 21-10）

文案可以召唤 DeepSeek 来生成，我们前面的 20

个不同应用场景也有反复讲过，就不再额外展开。此处，我们直接输入第 17 节焱公子写的参考文案，为大家演示一遍生成流程。（见图 21-11）

点击生成，会提示是否确认合成数字人，并计算出需要扣除的积分。点击确认合成。（见图 21-12）

等待 1~2 分钟，数字人视频即渲染完成。之后就可以直接在剪映中添加字幕、音频和想要添加的特效，然后点击导出即可。这些步骤做完，我们就快速得到了一条非常逼真的数字人视频。（见图 21-13）

图 21-10

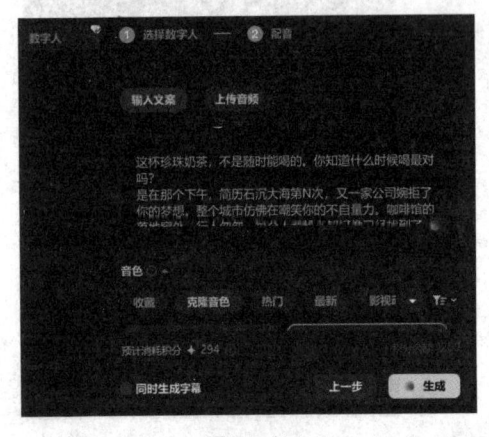

图 21-11

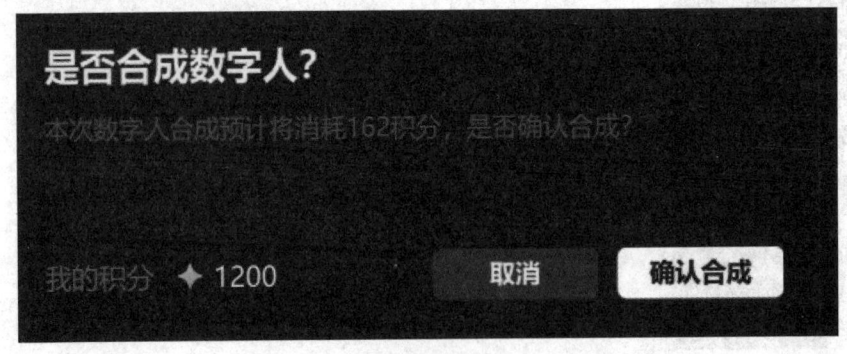

图 21-12

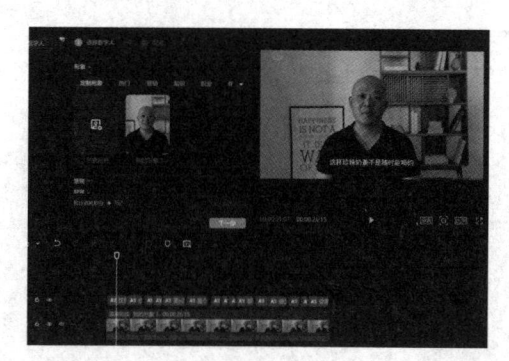

图 21-13

好了，老板们，现在就实操起来，去打造属于你的互联网嘴替，一起引爆流量吧！

本篇总结

越竞争激烈的商业环境，"降本增效"越成为企业生存与发展的核心命题。本篇通过多个行业的实战案例，系统展示了如何利用 AI 工具 DeepSeek 及其他技术，突破传统经营瓶颈，实现效率与利润的双重提升。

第 13 节

本节的教培行业爆单实例中，教培从业者通过 DeepSeek 三步操作——提炼课程卖点、对标参考文案、生成营销文案，将转化率提升 300%。其核心在于利用 AI 将专业术语转化为家长听得懂的"人话"，既保留教育情怀，又精准触达用户痛点。通过批量生成 100 条不同角度的文案，教培人只需选择最符合调性的内容，即可实现高效转化，省去专职文案岗位的成本。

第 14 节

本节以服装电商降本实例，通过可灵和 DeepSeek 生成 AI 模特试衣换装图片与视频，成本直降。操作流程包括生成 AI 模特、换装图片及动态视频，能规避真人模特档期限制与高昂拍摄费用，同时解决传统拍摄中"货不对版"的退货问题。AI 可快速生成多角度试穿效果，细节还原度高，搭配会员制工具，长期成本近乎忽略不计。

第 15 节

本节主要讲的是打造 24 小时智能客服。借助扣子平台，将 DeepSeek 接入微信公众号，三步完成智能客服创建、调试与接入。其核心价值在于实现全天候即时响应，同时通过插件调用搜索、识图等功能，满足多样化需求。成本上，一个真人客服的月薪足以覆盖 AI 数年费用，且规避人员流动风险，显著提升服务效率。

第 16 节

本节专注于 VIP 客户维护，通过腾讯元器建立客户资料与产品知识库，结合 DeepSeek 生成走心话术，让复购率暴涨 3 倍。关键在于将客户标签化，实现精准推荐，同时避免模板化回复引发客户反感，维护私域活跃度。

第 17 节

本节讲的是场景化营销文案生成，通过梳理卖点、对标范文、生成场景化文案，将积压商品变为爆款。其核心在于用 AI 扫描人间百态，将咖啡渍、通勤路线等细节转化为故事素材，精准刺中用户焦虑，激发购买冲动。

第 18 节

本节的主题是高级感产品图生成，利用 FLUX 模型与 LibilibiAI 平台，通过提示词生成商用级产品图，设计费大大减少。关键在于选择适配模型（如 FLUX），并通过 DeepSeek 优化提示词，避免"塑料感"等低级错误，低成本打造高端视觉呈现。

第 19 节

本节聚焦品牌命名与超级符号，通过 DeepSeek 总结命名原则并批量生成品牌名。核心在于遵循文化适应性、易传播性等原则，结合目标人群标签（如 20~30 岁女性、精英白领），快速产出兼具调性与市场吸引力的名称，降低试错成本，抢占用户心智。

第 20 节

本节提供了生成私域逼单话术，基于客户聊天记录分析，DeepSeek 输出针对性话术。AI 能从客户的不下单理由（如"等发工资""对比色号"）中挖掘真实需求，提供数学题式性价比计算或特权暗示，促成即时下单。

第 21 节

本节重点是为创始人 IP 打造数字人分身，利用剪映克隆视频形象与音色，无需真人出镜即可生成口播视频。母版质量（环境、时长、表现力）决定数字人效果，但数字人成本仅为传统拍摄的 1/10，且能同时实现多平台内容轰炸，高效截流潜在客户。

本章以"AI 替代高成本环节"为主线，覆盖营销、设计、客服、私域等核心场景。其赚钱逻辑可归结为三点：一是用 AI 批量生成内容，降低人力与时间成本；二是通过精准数据分析与场景化设计，提升转化率与复购率；三是借技术突破传统产能限制，以小成本撬动大流量。无论是教培行业的文案转化、服装电商的虚拟试衣，还是创始人 IP 的数字分身等等，均印证了"技术迭代不会等待眼泪"的残酷现实。唯有拥抱 AI 工具，方能在效率战争中抢占先机，实现降本增效的终极目标。

附录　本书所有使用到的 AI 工具列表

工具名称	主页链接	主要功能
DeepSeek	https://www.DeepSeek.com	各类文本生成
腾讯元宝	https://yuanbao.tencent.com	各类文本生成，调用 DeepSeek
腾讯元器	https://yuanqi.tencent.com	AI 工作流与智能体搭建
LiblibAI	https://www.liblib.art	AI 绘图平台，各类绘图模型调用
talencat	https://talencat.com	AI 简历优化
豆包	https://www.doubao.com	通用大语言模型
扣子	https://coze.cn	AI 工作流与智能体搭建
Suno	https://suno.com	各种风格的音乐生成
即梦	https://jimeng.jianying.com	各种风格的图片、视频生成
可灵	https://klingai.kuaishou.com	各种风格的图片、视频生成